Tatiane Antonovz

LEGISLAÇÃO E ÉTICA PROFISSIONAL

PARA O EXAME DE SUFICIÊNCIA DO CFC

PARA BACHAREL EM CIÊNCIAS CONTÁBEIS

EDITORA AFI

Tatiane Antonovz

LEGISLAÇÃO E ÉTICA PROFISSIONAL

PARA O EXAME DE SUFICIÊNCIA DO CFC

PARA BACHAREL EM CIÊNCIAS CONTÁBEIS

- CONSELHO FEDERAL DE CONTABILIDADE
- Elaborado de acordo com a Resolução nº 1301, de 17 de setembro de 2010, do Conselho Federal de Contabilidade

LEGISLAÇÃO E ÉTICA PROFISSIONAL

para o Exame de Suficiência do CFC

Tatiane Antonovz

1ª edição 2011

Editores: Jair Lot Vieira e Maíra Lot Vieira Micales
Produção editorial: Murilo Oliveira de Castro Coelho
Revisão: Sandra Mara Doretto
Arte: Karina Tenório e Simone Melz

Dados de Catalogação na Fonte (CIP) Internacional
(Câmara Brasileira do Livro, SP, Brasil)

Antonovz, Tatiane
Legislação e ética profissional para o exame de suficiência / Tatiane Antonovz. – São Paulo : EDIPRO, 2011.

"Elaborado de acordo com a resolução n. 1301, de 17 de setembro de 2010, do Conselho Federal de Contabilidade".

Bibliografia.

ISBN 978-85-7283-510-7

1. Contabilidade 2. Contabilidade - Legislação 3. Contadores - Ética profissional 4. Ética I. Título.

11-04627 CDD-657

Índices para catálogo sistemático:
1. Contabilidade : Exame de suficiência 657
2. Exame de suficiência : Contabilidade 657

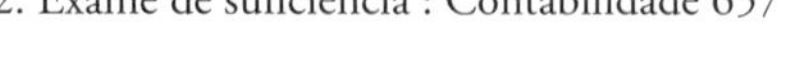

edições profissionais ltda.
São Paulo: Fone (11) 3107-4788 – Fax (11) 3107-0061
Bauru: Fone (14) 3234-4121 – Fax (14) 3234-4122
www.edipro.com.br

Sumário

Introdução

O estudo da evolução histórica da ética parte de uma restrição imposta pela própria humanidade, que somente reteve documentos, sobre normas de comportamento, referentes aos últimos milênios. Por conseguinte, os registros das teorias éticas, em sua maioria, datam a partir dos gregos antigos, ou seja, de aproximadamente dois mil e quinhentos anos e que refletiam a marca dessa sociedade em particular (Valls, 1998).

Porém, essa ausência de registros consistentes de preceitos éticos não inviabiliza o fato de que o homem da pré-história, por exemplo, já tivesse suas próprias normas de conduta. Gilles (1994) retrata que, há mais de dois mil anos, o Cristianismo tentava incluir valores e princípios éticos para a humanidade. Moisés transmitia os dez mandamentos aos judeus, inspirando posteriormente Jesus.

Valls (1998) relata que, por muitos anos, certas atitudes eram consideradas normais em uma sociedade. Por exemplo, a pederastia, na Grécia antiga ou a possibilidade de abandonar, sem problemas, crianças na rua, segundo a cultura dos romanos ou, ainda, o fato de não ser correto cobiçar a mulher do próximo, de acordo com os judeus antigos. Esses fatos caracterizavam, em certa época, cada um desses povos de acordo com o que acreditavam ou não.

> Não há agrupamento humano que não obedeça a normas morais, embora o que pareça natural e justo para uma coletividade possa ser a porta do inferno para outra (relativismo cultural). Uma coletividade pode adotar normas morais para uso interno e reservar outras para uso externo (dupla face de Janus) (Srour, 1994, p. 3).

Vásquez (1998) afirma que o nascimento das doutrinas éticas fundamentais pode ser definido a partir de diferentes épocas e sociedades, como respostas aos problemas básicos oriundos das simples relações entre os homens, sejam elas harmônicas ou não. Nesse contexto, a ética encontra-se intrinsecamente ligada à política (Aranha; Martins, 1993).

Em aspectos gerais, o ser humano possui certa tendência para a organização, que depende da disciplina comportamental e da conduta de cada indivíduo. Dessa forma, cada ser, ou o somatório deles, em uma classe profissional, tem um comportamento específico, guiado pelas características do trabalho que executa (Sá, 2001).

Embora na legislação brasileira não exista um fator restritivo em relação ao cumprimento de Códigos de Ética, cada profissão é regida pelo seu próprio código. Tal conjunto de regras regulamenta o exercício de cada profissão e pode, sim, impor e inibir certas práticas, além de aplicar sanções e penalidades aos indivíduos que se comportem em desacordo com seus preceitos.

Especificamente relacionado ao exercício da profissão contábil, o Código de Ética Profissional do Contador (CEPC), serve como um guia que tem como propósito, segundo Lisboa (1996, p. 61), fazer o profissional "[...] cumprir as regras da sociedade; servir com lealdade e diligência; respeitar a si mesmo". Apesar disso, essas imposições muitas vezes não podem ser garantidas, uma vez que envolvem parâmetros de valor que são intrínsecos a cada ser, ou seja, dependem do livre arbítrio dos profissionais.

A consciência de um grupo profissional surge, quase sempre, "[...] mais por interesse de defesa do que por altruísmo" (Sá, 2001, p. 111), o que acaba desencadeando desentendimentos entre os integrantes desses grupos que, frequentemente, confrontam o que preconizam os códigos de ética profissionais. O autor ainda cita que podem ocorrer fatos como "[...] aviltamento de preços, propagandas enganosas, calúnias, difamações, tramas, tudo na ânsia de ganhar mercado e subtrair clientela e oportunidades do colega, reduzindo a concorrência".

Dessa forma, cada vez mais, a preocupação com a ética nos negócios torna-se evidente, uma vez que os contadores, normalmente, têm desempenhado papel decisivo, tanto positiva quanto negativamente, nos fatos que envolvem grandes corporações.

O tema abordado torna-se relevante para a sociedade como um todo devido a diversos aspectos a serem ressaltados. A sociedade brasileira, entre tantas outras, ainda no século XXI, é basicamente caracterizada por uma realidade social na qual se agravam as diferenças entre classes sociais, tornando simples direitos, como o acesso à saúde ou à educação, inacessíveis à grande parte da população (Alves, 2005). Além disso, "a existência de dupla moral, uma oficialista e outra oficiosa, no seio de uma coletividade, não constitui evento excepcional (chega a ser um evento emblemático entre os latinos)", tornando e destacando assim "o Brasil entre tantos outros países, um laboratório privilegiado para a análise da duplicidade moral" (Srour, 1994, p. 3).

No que diz respeito ao desempenho de uma função, para Marion (1986), o profissional contábil, especificamente, é o que está sujeito a partilhar de esquemas espúrios, já que trabalha diretamente com reporte de dados, cifras, apuração de resultados e, por consequência, exibe dados que geram valores referentes a impostos, taxas, dividendos, encargos, entre outros.

Assim, o estudo da ética contábil justifica-se, pois a profissão reveste-se de destaque na sociedade, uma vez que carrega consigo o peso dos malefícios advindos de ações isoladas de contadores que maculam a imagem de toda uma classe de profissionais. Os Estados Unidos são um exemplo disso: apesar de leis severas, tanto para os profissionais quanto para as entidades, certas práticas contábeis, e certas pessoas responsáveis por algumas empresas, geraram diversos escândalos que demonstraram a fragilidade de tais regulamentações (Emerson; Stanley; Conroy, 2007).

Dentro desse contexto, é preciso também atentar-se ao fato de que as relações empresariais não são inofensivas, pois afetam de forma direta ou indireta os *stakeholders*, que são os usuários internos e externos da contabilidade (Srour, 2003). Dessa forma, torna-se eminente a discussão acerca da ética profissional nos negócios, pois é uma das preocupações mais importantes atualmente, aliada às discussões que envolveram contadores, os quais desempenharam papel determinante em escândalos ocorridos principalmente nos Estados Unidos, como os da Enron, WorldCom, Quest, entre outros (Abdolmohammadi; Read; Scarbrough, 2003; Alves, 2005; Emerson; Stanley; Conroy, 2007).

A discussão sobre os princípios éticos relativos às organizações e aos profissionais torna-se relevante mediante o paradoxo em que se encontra a ética, no momento atual, com escândalos em empresas envolvendo profissionais contábeis, que abnegaram de seus preceitos morais e éticos, e a constatação da real eficácia dos Códigos de Ética, por parte daqueles que respeitam a profissão.

capítulo · 1

A ética geral e a ética profissional

No referencial teórico, inicialmente, serão abordados os conceitos gerais de ética e sua inserção na filosofia, bem como sua distinção em relação à moral. Na sequência, trataremos das fontes de regras éticas, da relação delas com a sociedade, do papel do contador no meio social e sobre a ética profissional, que regulamenta o desempenho da profissão. Serão apresentados os exercícios referentes aos exames realizados desde 2000 a 2004 e questões do primeiro exame de 2011 para a obtenção do certificado de contador e de técnico em ciências contábeis e, por fim, a legislação sobre a ética profissional abordará os aspectos legais relativos à profissão contábil.

1.1. O CONCEITO E SUA INSERÇÃO NA FILOSOFIA

O estudo de temas ligados à ética é verificado desde as mais antigas sociedades. Santos (1959) afirma que, entre os chineses, pensadores como Lao Tse, Confúcio e Mêncius já especulavam tal tema em seus estudos. Aranha e Martins (1993) citam que, além destes, Buda, na Índia e Zaratrusta, na Pérsia, também tiveram ligação com o tema. Entretanto, suas teorias estariam demasiadamente ligadas à religião para que fossem consideradas como reflexão filosófica.

Outros povos, como os hindus, os caldeus e os egípcios também buscavam sintetizar e conhecer a amplitude do significado da ética. Porém, segundo historiadores, os registros consistentes mais antigos iniciam-se a partir da Grécia Antiga (Aranha; Martins, 1993; Valls,

1998). Chauí (2000, p. 432) relata que, "[...] desde a Antiguidade clássica (greco-romana) até nossos dias, podemos perceber que, em seu centro, encontra-se o problema da violência e dos meios para evitá-la, diminuí-la, controlá-la".

1.1.1. Grécia antiga

Grécia Antiga é o termo geralmente usado para descrever o período compreendido entre 500 e 300 a. C. e que foi, segundo Valls (1998), o período áureo do pensamento grego. Uma época não só importante para os gregos antigos, como também para nós, pois muitas das ideias ali desenvolvidas são utilizadas atualmente. Entretanto, conforme Aranha e Martins (1993, p. 66) "a grande aventura intelectual dos gregos não começa propriamente na Grécia continental, mas nas colônias: na Jônia (metade sul da costa ocidental da Ásia Menor) e na Magna Grécia (sul da península itálica e Sicília)."

É nessa época que surge o conceito de política, cuja etimologia é a palavra *polis* que, em grego, significa "[...] cidade organizada por leis e instituições, porque instituíram práticas pelas quais as decisões eram tomadas a partir de discussões e debates públicos e eram adotadas ou revogadas por voto em assembleias públicas" (Chauí, 2000, p. 31). Iniciando, dessa forma, a criação organizada de leis e regras para que o convívio em sociedade fosse possível.

Vásquez (1998) descreve que, nessa época, existiram muitas mudanças nas cidades gregas, principalmente em Atenas, que assistia ao triunfo da democracia escravista sobre a velha aristocracia. Assim, ocorria a democratização da vida política, a criação de novas instituições eletivas e o consequente desenvolvimento de uma intensa vida pública que, juntos, deram origem à filosofia política e moral.

> Os filósofos antigos (gregos e romanos) consideravam a vida ética transcorrendo como um embate contínuo entre nossos apetites e desejos – as paixões – e nossa razão. Por natureza, somos passionais e a tarefa primeira da ética é a educação de nosso caráter ou de nossa natureza, para seguirmos a orientação da razão. A vontade possuía um lugar fundamental nessa educação, pois era ela que deveria ser fortalecida para permitir que a razão controlasse e dominasse as paixões (Chauí, 2000, p. 440).

Ainda, segundo a autora, a ética, de acordo com os pensadores antigos, era dividida em três aspectos principais: o racionalismo, que consistia em levar uma vida virtuosa e fundamentava-se no fato de se agir em conformidade com a razão e o bem; o naturalismo, no qual a vida era regulada de acordo com a natureza de cada ser e com a natureza de modo geral e, por fim, a inseparabilidade entre a ética e a política, cujos ideais versavam sobre a conduta do indivíduo e os valores da sociedade, o que permitiu serem descobertos os preceitos de liberdade, justiça e felicidade.

Chauí (2000) relata que os sofistas são os primeiros filósofos do período socrático. Os mais importantes representantes dessa corrente foram: Protágoras, de Abdera, Górgias, de Leontini e Isócrates, de Atenas. Ainda, segundo a autora, eles eram considerados os mestres da oratória ou da retórica e ensinavam aos jovens a sua arte para que fossem bons cidadãos. Aranha e Martins (1993, p. 93) afirmam que "dos sofistas só nos restam fragmentos de suas obras, além das referências – muitas vezes tendenciosas – feitas por filósofos posteriores", o que, entre outros fatores, levou a uma má interpretação de suas obras.

A era de Sócrates (Figura 1), que viveu de 470 a 399 a.C., foi marcada pelo fato de o filósofo defender, publicamente, que um escravo era totalmente capaz, como qualquer cidadão, de ter acesso a difíceis questões científicas se bem conduzido pelo processo educativo, e, assim, provar que, pelo menos em sua alma, o escravo era igual a qualquer cidadão (Sócrates, 1987).

Figura 1 – Sócrates – 470 a 399 a.C.

Sócrates tinha como objetivo demonstrar que as pessoas eram semelhantes, ao menos, no que dizia respeito ao direito. Em 399 a.C. foi condenado à morte por contrariar os interesses de uma minoria que detinha o poder na democracia ateniense apenas pelo fato de defender suas ardilosas questões, que incomodavam seus dirigentes. Vásquez (1998) afirma que a Ética Socrática é racionalista e apresenta um laço profundo entre a bondade, o conhecimento e a felicidade.

Platão (FIGURA 2) é considerado o discípulo de Sócrates. O filósofo viveu de 427 a 347 a.C. e para ele, a Filosofia começava com a admiração. "Platão definia a Filosofia como um saber verdadeiro que deve ser usado em benefício dos seres humanos" (CHAUÍ, 2000, p. 17). O filósofo também acreditava na vida após a morte e condenava uma vida terrena voltada somente para os prazeres (VALLS, 1998).

FIGURA 2 – PLATÃO – 427 a 347 a.C.

Ainda segundo o autor, para Platão, os homens deveriam, durante suas vidas, contemplar ideias e, principalmente, a ideia do bem. Em seus Diálogos, o filósofo manifesta duas preocupações que permanecerão constantes em sua obra: a do problema político e a do papel que a retórica pode desempenhar na ética e na educação (PLATÃO, 1991).

Destaca-se também nesse período o filósofo Aristóteles (384 a 322 a.C.), que foi o maior sistematizador da filosofia grega. O pensador deixou diversas obras e escritos lógicos sobre física, metafísica, legados retóricos e poéticos, escritos morais e políticos, entre eles, *Ética a Nicômaco*, *Ética a Eudemo*, *Grande Ética* e *Política* (ARISTÓTELES, 1973). Em *Ética a Nicômaco*, o filósofo aborda diversos aspectos relativos à ética que, para ele, diz respeito, basicamente, ao indivíduo e disserta sobre o que é bom ou mal, sobre a justiça e a virtuosidade (Aristóteles, 1973).

1.1.2. Período Helenístico e Romano

É considerado o último período da Filosofia Antiga e, segundo Chauí (2000, p. 50), foi quando a "[...] *polis* grega desapareceu como centro político, deixando de ser referência principal dos filósofos, uma vez que a Grécia encontra-se sob o poderio do Império Romano". Segundo a autora, essa fase também é conhecida como Cosmopolita, pois para os filósofos, o mundo era sua cidade e eles, cidadãos do mundo.

O Epicurismo e o Estoicismo foram os movimentos mais importantes desse período e surgiram no processo de decadência e ruína do mundo greco-romano. O Estoicismo tem como representantes Zemão de Cítio, que era Grego, além de Sêneca, Epíteto e Marcos Aurélio em Roma. Marcondes (2004) relata que essa corrente era composta por três partes fundamentais: a física, a lógica e a ética, cujas relações são explicadas mediante a metáfora da árvore. A física corresponde à raiz, a lógica, ao tronco e a ética, aos frutos. "Portanto, a parte mais relevante é a ética: são os frutos que podemos colher da árvore do saber, porém não podemos tê-lo sem raízes e tronco" (Marcondes, 2004, p. 91).

Já o Epicurismo tem como representante grego Epicuro e Tito Lucrécio Caro, em Roma. Para eles, a moral não era definida com relação a *polis*, mas sim, ao universo, ou seja, o homem deveria obedecer a uma lei natural reconhecendo-se a si mesmo como uma peça que trabalha em propósito desse universo. Tanto no estoicismo quanto no epicurismo, a física é a premissa da ética (Vasquéz, 1998).

1.1.3. Idade Média

As teorias da Idade Média foram influenciadas principalmente pelos filósofos Platão e Aristóteles (Chauí, 2000). Esse período inicia-se no século IV e se estende por mais dez séculos e foi nessa época que o cristianismo transformou-se na religião oficial de Roma (Vásquez, 1998). Durante esse período, as teorias de Platão foram consideradas mais adaptáveis aos ideais cristãos, enquanto Aristóteles era visto com certa desconfiança (Aranha; Martins, 1993).

Na Idade Média, surge a chamada Ética Cristã, que partia de um conjunto de verdades reveladas a respeito de Deus, além de sua relação com os homens. Também é iniciada outra corrente: a chamada Ética Cristã Filosófica, que tinha a ética determinada pela índole religiosa e dogmática. Esse processo, especificamente, pode ser verificado nas obras sobre ética de Santo Agostinho e de São Tomás de Aquino (Vásquez, 1998).

Valls (1998) afirma que, nessa época, os ideais éticos se identificavam com os religiosos e eram inspirados em Sócrates e seu lema "conhece-te a ti mesmo", que voltou à tona com Santo Agostinho, ensinando-nos que "Deus nos é mais íntimo que nosso próprio íntimo." Assim, o ideal ético praticado era o de uma vida de amor e fraternidade.

Santo Agostinho, um dos principais representantes dessa corrente, foi influenciado por Platão. Porém, Vásquez (1998) afirma que o teólogo se afastava um pouco do pensamento grego, principalmente quando dá destaque à experiência profissional, à vontade e ao amor, contrapondo, dessa forma, a ideia de racionalismo ético dos gregos.

Influenciado por Aristóteles, São Tomás de Aquino (1225-1274) faz parte de um grupo de teólogos conhecidos como racionalistas (Chauí, 2000). Ainda, segundo a autora (p. 507), "um dos teóricos mais importantes da naturalidade da política é o teólogo São Tomás de Aquino. Para ele, sendo o homem um animal social, a sociabilidade natural já existia no Paraíso, antes da queda e da expulsão dos seres humanos", ou seja, após o pecado original, os humanos não perderam sua natureza sociável e, naturalmente, organizaram-se em comunidades, com leis e relações de poder e obediência.

1.1.4. Idade Moderna

Segundo Vásquez (1998), o período em que surgiu a chamada Ética Moderna vai do século XVI até meados do século XIX. Essa época é também conhecida como Grande Racionalismo Clássico (Chauí, 2000) e caracterizou-se pelas variadas correntes éticas com tendências acentuadas ao antropocentrismo, que contrastavam com o teocentrismo.

Esse período foi marcado pelas descobertas científicas, destacando-se a discussão crítica sobre a ciência e o conhecimento (Aranha; Martins, 1993). Sobressaem-se como filósofos e pensadores que marcaram a Idade Moderna: Galileu, Francis Bacon, Descartes, Locke, Hobbes, entre outros (Aranha; Martins, 1993; Chauí, 2000).

Vásquez (1998) declara que os conceitos trazidos por Immanuel Kant são considerados um marco no estudo da ética que ocorreu no final do século XVIII. Sá (2001) relata que o filósofo deixou um acervo de raríssima importância para o campo da ética. Kant dedicou seus estudos ao racionalismo ético, e sugere que os seres humanos precisam de regras e leis para controlar seus próprios impulsos de ambição, agressão, egoísmo, entre outros (Chauí, 2000).

Para a autora (2000, p. 444), Kant possuía uma fórmula geral que rege o comportamento ético: "[...] age em conformidade apenas com a máxima que possas querer que se torne uma lei universal." Ainda segundo a autora, a teoria Kantiana tinha como base certos princípios, e o mais importante deles dizia que a ação de cada indivíduo deve servir de lei para todos.

1.1.5. Idade Contemporânea

Inicia-se em meados do século XIX e prolonga-se até os dias atuais, e tem como principais representantes Hegel, Kierkegaard, Stiner e Marx. Conforme Vásquez (1998), a Ética Contemporânea, em sua fase mais recente, não só experimenta o socialismo, como também participa de um processo de descolonização e reavaliação de comportamentos, princípios e heranças.

Chauí (2000, p. 58) relata que esse período "[...] por ser o mais próximo de nós, parece ser o mais complexo e o mais difícil de definir, pois as diferenças entre as várias filosofias ou posições filosóficas nos parecem muito grandes, porque as estamos vendo surgir diante de nós", o que, de certa forma, impossibilita fazermos uma análise profunda de seus traços mais marcantes.

Para Chauí (2000, p.98) o "[...] filósofo alemão do século XIX, Hegel, ofereceu uma solução para o problema do inatismo e do empirismo posterior à de Kant." Na filosofia Hegeliana, o ponto de partida é, justamente, a "noção kantiana" (Aranha; Martins, 1993) e, ao contrário da filosofia de Kant, sobre o sujeito soberano, ativo e livre, a filosofia de Hegel é baseada na ideia, razão ou espírito absoluto. A ética de Hegel se apresenta em suas origens como "uma reação contra o formalismo e o racionalismo abstrato kantiano [...]" (Vásquez, 1998, p. 244).

O filósofo alemão Hegel tentou sintetizar a história da razão e propôs que inatistas, empiristas e kantianos eram parte do passado, mas isso não significou que todos os filósofos aceitassem sua solução como resposta final. Esses filósofos refizeram suas teorias, criticadas por Hegel e continuaram fiéis às suas origens (Chauí, 2000).

Kierkegaard foi um filósofo que viveu de 1813 a 1855, desconsiderava a filosofia moderna e era considerado um "anti-hegeliano feroz" (Aranha; Martins, 1993, p. 122). Era também considerado o pai do Existencialismo (Vásquez, 1998).

Vásquez (1998) ainda cita que, para Kierkegaard, o grau de autenticidade de cada indivíduo é delimitado por três estágios: o estético, o ético e o religioso. A religião é o primeiro estágio, o ético, o segundo e o estético, o último. Para o filósofo, o estágio ético não passa de uma antecâmara para a conquista do homem como indivíduo concreto, que só é alcançada por meio da religião.

1.2. ÉTICA E MORAL

É comum a indevida designação de ética como moral, pois, embora tênue, existe uma diferenciação entre as duas devido a diversas razões. "Normalmente, os conceitos de ética e de moral se assemelham, quando se referem a costume ou se diferenciam, quando a ética é vista como ciência e a moral é considerada regra de conduta" (Alves, 2005, p. 26).

Chauí (2000, p. 437), explica que a ética e a moral "[...] referem-se ao conjunto de costumes tradicionais de uma sociedade e que, como tais, são considerados valores e obrigações para a conduta de seus membros", ou seja, para a autora, as duas são complementares e intrínsecas. Isso, também, devido às questões culturais e fonéticas ligadas a etimologia das palavras derivadas do grego.

> A língua grega possui uma outra palavra que, infelizmente, precisa ser escrita, em português, com as mesmas letras que a palavra que significa costume: *ethos*. Em grego, existem duas vogais para pronunciar e grafar nossa vogal *e*: uma vogal breve, chamada *épsilon*, e uma vogal longa, chamada *eta*. *Ethos*, escrita com a vogal longa (*ethos* com *eta*), significa *costume*; porém, escrita com a vogal breve (*ethos com épsilon*), significa caráter, índole natural, temperamento, conjunto das disposições físicas e psíquicas de uma pessoa. Nesse segundo sentido, *ethos* se refere às características pessoais de cada um que determinam quais virtudes e quais vícios cada um é capaz de praticar. Refere-se, portanto, ao senso moral e à consciência ética individuais (Chauí, 2000, p. 437).

Para Santos (1959), apesar de a moral estar subordinada à ética, esta se distingue daquela, totalmente, em seu entendimento. Ainda segundo o autor, os costumes estabelecidos pelos homens podem ser entendidos pelo modo como a moral e a ética dedicam-se ao estudo das normas. Santos (1959) ainda destaca o fato de que é mais comum falar em moral do que em ética, ou, por vezes, a preferência é pelo primeiro termo, sem fazer a devida distinção entre ambos. Para o autor, é preciso distinguir a ciência descritiva dos costumes (moral) e a ciência normativa (ética).

Já Valls (1998), conceitua a ética como o conjunto de normas para um indivíduo ou para determinados tipos de indivíduos. Essas normas são padrões morais que permitem que pessoas de diferentes valores, credos, religiões, formação, entre outros, possam conviver em sociedade e sigam parâmetros parecidos em relação a certas ações.

> Ainda que seja concernente a todos os participantes de uma sociedade, sem que caiba aqui qualquer exceção, a Ética não têm, necessariamente, o mesmo significado para cada pessoa. Isto ocorre em virtude dos valores individuais de cada pessoa. Se considerarmos que o instinto individual geralmente suplanta o instinto coletivo, e fácil compreender o surgimento de comportamentos moralmente condenáveis por uma parte da sociedade e, ao mesmo tempo, aceitos por outra parte (Lisboa, 2010, p. 36).

Por sua vez, Vásquez (1998, p. 13) define a ética como "a ciência da moral, isto é, de uma esfera do comportamento humano". Para o autor, a moral compreende, além de somente regras ou normas de ação, o conjunto de princípios, valores e prescrições que indivíduos de uma determinada sociedade consideram válidos como atos reais.

O conceito aqui utilizado é o delineado por Aranha e Martins (1993), que conceituam a moral, como um conjunto de regras admitidas em certa época ou por determinado grupo. Já a ética, para as autoras, pode ser definida como filosofia moral, pois tem como função a reflexão acerca das noções e princípios morais. O entendimento de tais noções pode seguir diversas direções que dependem da concepção de homem tomada como ponto de partida. Essa diferença entre os termos pode ser explicada pelos diversos estágios que a ética atravessou, desde a Grécia Antiga até os dias de hoje.

No que diz respeito ao conceito de ética e moral dentro das sociedades, conforme declara Lisboa (2010), para que estas existam, é necessário que o comportamento de seus participantes seja aceito pela maioria dos cidadãos. O autor ainda explica que a imposição de regras viabiliza a convivência em sociedade e podem ser emanadas de um poder legalmente constituído (regras formais) ou da própria cultura (regra informal), incluindo-se, ai, as normas de natureza tributária, criminal e comportamental. "A imposição de regras de comportamento não objetiva tornar as pessoas 'moralmente perfeitas', mas propiciar uma convivência pacífica entre elas, reduzindo a um nível mínimo possível os conflitos de interesses" (Lisboa, 2010, p. 37).

1.2.1. Modelos teóricos acerca da moral

Para Heeman (1998, p. 26), as teorias morais poderiam estar organizadas em funções de respostas a questões como: "[...] o que é o bem? O que é valor? Como se justificam os atos, juízos e normas morais? Qual o padrão para decidir sobre o certo e o errado?" E, além desses, ainda deveriam ser levados em conta fatores, entre outros, como liberdade, determinismo e consciência.

Porém, ainda segundo o autor, isso seria difícil, pois as teorias que existem são estruturadas sob a influência da posição filosófica de cada autor, sendo assim, é possível classificar as teorias, para o esclarecimento destas questões, em três grupos principais: teleológicas, deontológicas e relativistas, delineadas conforme o quadro abaixo.

QUADRO 1 – AGLUTINAÇÃO DAS TEORIAS MORAIS

Teoria	Definição
Teleológicas	O padrão para a decisão moral depende das suas consequências, ou seja, do "valor não moral que venha a surgir".
Deontológicas	Não são exclusivistas. Uma ação pode ser obrigatória ou correta pelo bem que promove ou, também, por sua própria natureza.
Relativistas	Um numeroso grupo ainda se recusa a basear-se nos princípios absolutos oriundos do fim último ou do dever. Admitem o dever, mas não o inserem em um quadro espaço temporal mutável.

Fonte: Adaptado de Heemann (1998, p. 27).

As teorias morais teleológicas derivam-se dos hedonistas e, segundo Aranha e Martins (1993, p. 285), eles acreditavam que "[...] o bem se encontra no prazer". Mas, ao contrário do que se poderia supor, o principal representante do hedonismo grego, Epicuro (341 a 270 a.C.), considerava que os prazeres do corpo representavam ansiedade e sofrimento.

Já as teorias deontológicas dividem-se em ato-deontológicas (as normas e juízos são particulares) e normo-dentológicas (baseadas na razão) (Aranha; Martins, 1993; Heeman, 1998). Por fim, a teoria relativista, oriunda das contribuições dos sofistas, dos neopositivistas e dos materialistas (Heemann, 1998).

Biaggio (1999) afirma que, além dessas correntes, na modernidade, existem ainda os chamados Universalistas representados, principalmente, por Jean Piaget e Kohlberg (seguidores de Kant) e os Relativistas, representados por Carol Gilligan. Adicionalmente, é destacado o ponto de vista de James Rest (1986), que possui um modelo de moralidade altamente influenciado por Kohlberg, seu orientador em sua tese de doutorado, porém aperfeiçoado em suas conclusões (Biaggio, 1999).

1.2.1.1. Jean Piaget

Jean Piaget (1896 – 1980) desenvolveu uma teoria conhecida como psicologia genética, que pode ser delineada, conforme explicita Chauí (2000, p. 177), como a "[...] gênese da percepção, imaginação, memória, linguagem e inteligência nas crianças [...]" e como elas expressavam seus sentimentos. Essa teoria evidenciava o desenvolvimento da moral de acordo com o crescimento dos seres humanos. O desenvolvimento da moral iniciava em níveis baixos e lógicos e ia evoluindo de acordo com a idade.

Lima (2004) relata que a primeira obra publicada por Jean Piaget, intitulada *O juízo Moral da Criança*, trouxe a proposta de tentar compreender o juízo moral, do ponto de vista infantil, ao estabelecer regras morais que são constituídas durante seu crescimento. De acordo com Aranha e Martins (1993), a teoria Piagetiana foi desenvolvida em quatro estágios.

O primeiro estágio era iniciado com bebês recém-nascidos e ia até os dois anos; e as pesquisas eram realizadas por meio de experimentações sensório-motoras nos bebês. Posteriormente, dos dois aos sete anos, a lógica infantil começava a se transformar rapidamente, porém, a criança ainda vivia em mundo onde predominava a ausência de leis.

Biaggio (1997) evidencia que no terceiro estágio, dos sete aos doze anos de idade, do ponto de vista da moral, inicia-se a apresentação e aceitação, como um todo, de normas da família e da sociedade. O último estágio é o da adolescência e possui características que serão levadas para a vida adulta. Essa fase é marcada pelo amadurecimento moral, bem como pela organização autônoma de regras e pela livre deliberação.

Piaget (1932), ao estudar a gênese da inteligência nas crianças, demonstrou que a aquisição da linguagem e a do pensamento caminham juntas (Chauí, 2000). A teoria Piagetiana preconizava que não existia inteligência nata, pois à medida que as crianças evoluíam, racional, física e moralmente, eram capazes de organizar seus pensamentos e, consequentemente, seus julgamentos. Dessa forma, esse modelo também ficou conhecido como Construtivista, porque o saber é construído pela criança e não imposto pelo meio em que vive (Aranha; Martins, 1993).

1.2.1.2. Lawrence Kohlberg

Aranha e Martins (1993) relatam que, posteriormente, Lawrence Kohlberg (1927 – 1987), aluno e seguidor de Piaget (1932), elaborou e aperfeiçoou as teorias relativas à moral e à ética. Ao iniciar seus estudos em 1958, com a defesa de sua tese, o autor desenvolveu pesquisas com crianças e confirmou a teoria Piagetiana de que o desenvolvimento moral é iniciado nos primeiros anos de vida. Kohlberg remodelou a teoria de Piaget e desenvolveu novos estágios para a evolução moral da criança (Biaggio, 1997).

Paralelamente, em seu trabalho, Kohlberg (1981) evidenciou que a maturidade moral, quando atingida, acontece apenas nos adultos, aproximadamente dez anos após a adolescência (Aranha; Martins, 1993). Uma das pesquisas de Kohlberg (1981), aplicada em um grupo de setenta e cinco meninos e rapazes de Chicago, que no início tinham de dez a dezesseis anos, constatou a evolução moral deles durante quinze anos, com entrevistas de três em três anos (Aranha; Martins, 1993). O pesquisador, então, reformula os estágios morais piagetianos e desenvolve estudos que envolviam dilemas morais e culminaram em um modelo composto por três níveis e seis estágios de desenvolvimento moral, conforme o quadro 2.

O nível I é motivado por dor ou prazer: se houver punição física, por causa de determinada ação, ela será considerada errada, caso contrário, será moralmente correta. Isto é, se uma criança fizer algo aparentemente errado e houver punição física, ela considerará aquilo como errado; se não houver punição, a atitude passará a ser aceita como correta (Biaggio, 1997).

Aranha e Martins (1993) explicitam que, no nível II, não há mais necessidade das sanções punitivas, pois começam a existir entre as crianças as noções de normas sociais e normas vigentes. Nesse nível, os indivíduos procuram viver de acordo com as normas estabelecidas e aceitas pela maioria, e passa a existir uma tendência em agir de um modo que cada indivíduo seja bem quisto pelos outros.

No nível III, o indivíduo aceita as normas e os padrões sociais vigentes e os utiliza para relacionar-se com outras pessoas. Existe a vinculação com princípios éticos universais como o direito à vida, por exemplo. As normas servem para que os princípios sejam respeitados, caso isso não aconteça, as leis poderão ser transformadas ou até mesmo desobedecidas (BIAGGIO, 1997).

Kohlberg (1981) verificou que poucos indivíduos atingem o nível pós-convencional, o que, segundo Aranha e Martins (1993), faz com que seja necessária a reflexão sobre as condições sócioeconômicas que excluem grande parte da população das escolas. Dessa forma, se esses indivíduos continuarem excluídos do sistema, é provável que dificilmente atinjam os níveis desejáveis de pensamento formal.

QUADRO 2 – NÍVEIS E ESTÁGIOS DE DESENVOLVIMENTO MORAL DE KOHLBERG (1981)

Nível I – Pré-convencional – Crianças de 2 a aproximadamente 6 anos	
Motivações por antecipação de dor ou prazer	**Estágio 1** A orientação moral é voltada à punição e à obediência. Justifica-se pela tentativa de evitar o castigo bem como o poder superior que as autoridades têm sobre o indivíduo. Possui somente uma perspectiva, a da autoridade. **Estágio 2** Orientação moral calculista e instrumental; hedonismo e pragmatismo. Os julgamentos são justificados para servir as necessidades e interesses próprios O indivíduo faz as suas coordenações e as hierarquiza de acordo com o seu ponto de vista.
Nível II – Convencional – Idade Escolar	
Aceitação das regras e normas por certos grupos	**Estágio 3** Conhecido como o estágio da moralidade do bom garoto, da aprovação social e das relações pessoais. Neste estágio, o indivíduo precisa corresponder às expectativas alheias. Baseia-se no princípio de que se deve fazer aos outros o que ele gostaria que lhe fizessem. Cria-se a expectativa do indivíduo em relação aos outros. **Estágio 4** Orientação para a lei e a ordem, as autoridades mantêm a moralidade. Tem como justificativa a manutenção do funcionamento das instituições como um todo. O indivíduo se questiona sobre o que acontecerá com a sociedade se todos fizerem o mesmo.

Nível III – Pós-convencional – adolescência	
Princípios Éticos	**Estágio 5**
	Orientação voltada para o contrato social, o relativismo da lei e para o bem maior de mais indivíduos. As leis não são mais válidas somente por serem leis. Inicia-se o pensamento de que certos costumes podem ser injustos e poderiam ser mudados.
	Estágio 6
	Baseado nos princípios universais de consciência, pode ser considerado o estágio mais alto. Há o reconhecimento dos princípios morais universais da consciência individual e o sujeito age de acordo com eles. Como um ser racional, percebe a validade de certos princípios e se compromete com eles, porém, se algumas leis forem consideradas injustas por qualquer motivo, esses indivíduos resistem a elas.

Fonte: Adaptado de Aranha e Martins (1993, p. 294) e Biaggio (1997, p. 2).

1.2.1.3. Carol Gilligan

Segundo Biaggio (1999), o modelo de pesquisa desenvolvido por Kohlberg sofreu algumas críticas inicialmente e, mais incisivamente, de Carol Gilligan (1982). De acordo com Duizend e Mccann (1998), Gilligan (1982) relata que as pesquisas conduzidas por Kohlberg (1981), para criar um modelo baseado no gênero, não possuíam as considerações adequadas. Por exemplo, o número de meninas submetidas ao experimento era muito inferior ao de meninos, o que, segundo a autora, acabou por prejudicar a análise do julgamento moral nas mulheres.

Lima (2004) cita que Gilligan demonstra em seu livro *In a Different Voice* (1982) sua exaustiva preocupação com a vez e a voz das mulheres, pois elas eram subordinadas ao autossacrifício e não eram ouvidas, nem respeitadas. Para Gilligan (1982) a ênfase à "voz diferente" das mulheres refere-se ao cuidado delas com o próximo, diferentemente do senso dos homens, mais voltado à competição.

Duizend e Mccann (1998) relatam que Gilligan (1982) ainda afirmou que a forma como as mulheres encaravam a moral não era inferior, apenas diferente da dos homens. Adicionalmente, conforme Abdolmohammadi, Read e Scarbrough (2003), Gilligan (1982) considerava que as mulheres apresentavam um senso de justiça mais aguçado do que o dos homens. Lima (2004) ressalta que, para Gilligan (1982), as mulheres possuem sensibilidade para as necessidades do próximo, pois, por se sentirem responsáveis pela vida dos outros, elas acabam por incluir e aceitar os pontos de vista de outras pessoas, no que diz respeito a seus julgamentos. Por esse motivo, as mulheres foram consideradas fracas moralmente, porém, a ética das mulheres estaria justamente nesses fatos que eram utilizados para criticá-las.

1.2.1.4. James Rest

Dellaportas (2004) relata que Rest (1986), em resposta aos trabalhos de Kohlberg e às críticas de Gilligan, desenvolveu um teste conhecido como *Defining Issues Test* (DIT), que utilizava seis cenários envolvendo questões morais. Esse teste era baseado no modelo de Kohlberg, porém com algumas adaptações. Os respondentes eram apresentados a uma situação que propunha se determinada decisão deveria ou não ser tomada (Duizend; Mccann, 1998).

Porém, para Dellaportas (2004), o problema do modelo de Rest (1986) é que este não oferecia de forma acurada o monitoramento do comportamento ético dos indivíduos em seu ambiente de trabalho. O autor ainda relata que o DIT era baseado na premissa de que as pessoas, que estão em diferentes níveis da moral, interpretam esses modelos de forma variada, e têm sua própria intuição sobre o que é certo ou justo em determinada situação.

Trevino (1992) afirma que James Rest (1986) propôs um questionamento envolvendo o comportamento moral de uma pessoa e o que acontecia psicologicamente para que tal fato ocorresse. Em sua teoria, Rest (1986) propôs que em determinada situação, um indivíduo poderia passar por, no mínimo, quatro processos básicos elencados conforme o quadro 3.

O'Fallon e Butterfield (2005) explicam que, no primeiro estágio, o indivíduo deveria ser capaz de interpretar determinada situação e julgá-la como sendo moralmente aceita ou não. Em uma segunda etapa, essa pessoa precisaria demonstrar capacidade de decidir sobre qual curso deveria seguir, e se a decisão tomada seria moralmente aceita. Posteriormente, no terceiro estágio, deveriam ser priorizados os valores morais sobre outros do comportamento humano e, por fim, a execução e implementação da intenção moral.

QUADRO 3 – MODELO DE ESTÁGIOS DA MORAL PRECONIZADO POR REST (1986)

Situação	Ação
Consciência moral	Interpretar a ação em termos de possíveis ações e como elas podem afetar os outros
Julgamento Moral	Julgar qual o curso da ação é o mais moralmente correto
Motivação moral	Dar prioridade para o que é moralmente certo entre outras opções
Comportamento moral	Demonstrar força e habilidade para seguir a intenção de agir corretamente

Fonte: Adaptado de Rest (1986) *apud* Trevino (1992).

Outra constatação do modelo proposto por James Rest (1986) é que a moral pode ser mais, ou menos elevada dependendo da educação recebida pelo indivíduo. Pessoas mais velhas e com maior grau de instrução apresentaram preceitos morais e éticos mais altos do que pessoas mais jovens e com menor grau de instrução (Duizend; Mccann, 1998; Abdolmohammadi; Read; Scarbrough, 2003).

1.3. AS FONTES DAS REGRAS ÉTICAS

A ética pode ser considerada uma ciência filosófica, e de acordo com Lisboa (2010, p. 23), "[...] pode se definir o termo ético como sendo um ramo da filosofia que lida com o que é moralmente bom e mau, certo e errado." Ainda, segundo esse autor, a ética pode ter um caráter pessoal, que diz respeito aos princípios de conduta, em geral, e a ética profissional, que é aquela que regula determinado grupo de profissionais.

Essa corrente filosófica pode ainda ser caracterizada conforme explicita Matos (2008): por ser o fundamento da sociedade, não há a possibilidade de vida sem que sejam observados os princípios éticos que compreendem a justiça, a liberdade e a solidariedade.

Formada por um conjunto de preceitos básicos, a ética, em si, pode ser considerada, segundo Lisboa (2010), como expressão do pensamento correto, o que acaba por gerar a ideia de que certas formas de ação são previsíveis a outras, existindo assim, ainda de acordo com o autor, cinco fontes de regras éticas, especificadas no quadro a seguir.

QUADRO 4 – FONTES DAS REGRAS ÉTICAS

Origem da ética	Fontes
Natureza Humana	Caráter íntegro e correto do homem
Normas de caráter diverso	Inerentes aos agentes envolvidos, por exemplo, ética nos negócios, nas profissões
Consequências da busca refletidas nos princípios do comportamento humano	Cada significado do comportamento ético torna-se objeto de reflexão pela sociedade
Legislação de cada país	Costumes intrínsecos à legislação de cada país
Costumes	Desenvolvidos na parte irracional e que são acessíveis aos apelos da razão

Fonte: Adaptado de Lisboa (1996)

Logo, a natureza humana, que é considerada a primeira fonte das origens da ética, é aquela que emana do caráter individual íntegro e correto; já a segunda, provém do ambiente em que estão inseridos os indivíduos, são as normas a serem seguidas por um determinado grupo, por exemplo, o Código de Ética Profissional do Contador.

A terceira fonte de regra ética diz respeito à reflexão sobre determinados comportamentos humanos, seguida pela quarta, que observa os costumes em função da cultura do país e, por fim, os próprios costumes que, por muitas vezes, são caracterizados por uma parte irracional do conhecimento humano.

O caráter pessoal da ética, que é o que cada indivíduo acredita e aceita como correto, é afetado por diversas variáveis, como o meio em que se vive, as crendices e costumes que permeiam a vida do ser humano, além das pressões que são exercidas pelo ambiente. Sendo assim, o que parece ético para determinado indivíduo, submetido a algum tipo de pressão, pode não parecer correto sob a ótica de outra pessoa.

1.3.1. Casos Práticos – Origem das regras éticas e conceitos acerca da moral

A seguir, serão apresentados alguns casos adaptados de Lisboa (2010) que servem como reflexão para o tema "origens das regras éticas" e para seus conceitos anteriormente abordados.

- **Caso 1** (Lisboa, 2010, p. 41 e 42)

Samuel é consumidor do chocolate "Crocante". Ele só aceita essa marca de produto, porque contém uma mistura de manteiga de cacau de procedência suíça. O "Macio" é o chocolate concorrente, de boa qualidade e custa $ 0,35, é a metade do preço do "Crocante". As embalagens dos dois chocolates são vermelhas e brancas e ambos são chocolates brancos.

- **Situação I:** Certo dia, Samuel entra no supermercado e, como bom consumidor que é, vai até a prateleira e coloca dez unidades do "Crocante" no carrinho que empurra. De relance, ele observa que em cada unidade está marcado o preço de $ 0,35, e deduz que o etiquetador se enganou quando foi colocar a etiqueta no produto. Assim, como deve proceder Samuel? Deve ele notificar o fato ao caixa quando efetuar o pagamento da conta ou deve Samuel manter o silêncio?
- **Situação II:** Samuel coloca em seu carrinho dez unidades do "Crocante", mas o caixa, ao registrar os produtos, confunde os preços e registra a unidade por $ 0,35. Samuel sabe que a unidade do "Crocante" custa $ 0,70, assim, qual deve ser sua atitude?
- **Situação III:** Samuel, ao colocar as dez unidades de "Crocante" em seu carrinho, não nota que eles estão sem a etiqueta do preço. O caixa pergunta a Samuel se ele sabe o preço da unidade do "Crocante". Ele pode fornecer qualquer informação que ela aceitará, já que ele é consumidor assíduo do mesmo produto. Como deve proceder Samuel?

Comentários do autor

As situações que se apresentam neste caso, provavelmente, não constam em lei alguma, pois tratam de situações que atingem um número limitado de pessoas, constituindo-se exceções. Elas nos remetem a várias indagações: a ética e a moral no relacionamento com empresas devem ser diferentes do relacionamento com pessoas? Devem as três situações ser enquadradas dentro do que se pode chamar "moralidade nos negócios", ou seja, cada parte deve zelar pelo próprio interesse, sem se preocupar com o outro? Se assim fosse, Samuel agiria em seu próprio interesse nas três situações.

Esse comportamento, no entanto, constitui-se numa categoria peculiar de moralidade. Pode ser explicado como comportamento típico de ambientes onde o valor do bem coletivo não é prezado e as pessoas não são encorajadas a ajudar o próximo. A resposta, às três primeiras situações, aponta no sentido de que Samuel notifique o problema ao caixa. Na situação III, espera-se que Samuel informe o valor correto para a unidade do "Crocante".

- **Caso 2** (Lisboa, 2010, p. 43 e 44)

Josimar trabalhava na empresa Computexemp durante o Plano Collor. Essa empresa prestava serviços a três instituições financeiras de médio porte. No segundo semestre de 1990, ao perceber que grande parte das aplicações financeiras dos bancos estava com os saldos intocados – os depositantes ainda não haviam transferido a titularidade – Josimar transferiu uma parte dos valores para a conta do Hospital Exemplo, onde um irmão de Josimar, de poucos recursos, se submetia a tratamento contra o câncer. O valor total das transferências atingiu US$ 50 mil. Na Justiça, Josimar alegou que agiu daquela forma em desespero de causa, pois estava vendo seu irmão morrer sem assistência medica. Assim, como avaliar essa situação?

Comentários do autor

Muitas regras morais estão inclusas na lei, que lida com comportamentos permitidos e proibidos; por exemplo, o ato de iludir (a fraude inclui-se entre os atos de ilusão).

Diferentemente da situação anterior, em que não havia norma legal a coibir o procedimento de Samuel, a situação apresentada coloca uma personagem contrariando uma norma legal que proíbe a apropriação de valores que não lhe pertencem.

O argumento de que os recursos não foram usados para locupletar-se, mas para saldar dívidas com o tratamento de seu irmão também não procede, pois Josimar poderia ter recorrido a hospitais públicos e a doações. E, mesmo que assim fosse, os limites para as atitudes individuais encontram-se nas leis. A tradição manda que todas as pessoas devem cumpri-las, mesmo que, aparentemente, tais normas estejam defasadas ou mesmo erradas.

Um fato a destacar desse caso é que a falta de controle dos serviços prestados pela Computexemp atuou como facilitador da fraude, além do que, são poucas as empresas lesadas que denunciam o fato à polícia. Uma reportagem assinala: "Uma boa parte das empresas prefere não levar as investigações em frente, temendo arranhões em sua imagem ou possíveis retaliações do acusado".

- **Caso 3** (Lisboa, 2003, p. 44 e 45)

A administração da indústria química ClAIRT costuma delegar a compra da matéria-prima ao Sr. Kobbe, que é também contador da empresa, com 35 anos de serviços prestados.

Além de ser funcionário antigo, o Sr. Kobbe tem livre trânsito entre os fornecedores de vários países, e jamais deixa o insumo Beta faltar à produção. O comportamento do mercado corresponde às expectativas da contabilidade gerencial, pois os resultados vêm sendo considerados bons, relativamente aos períodos anteriores.

No mês de setembro do ano em curso, apresentou-se o Sr. Cavalcante, gerente de auditoria interna da empresa que, cumprindo sua tarefa de todos os anos, iria fazer um relatório sobre as práticas e os procedimentos da ClAIRT. No relatório final do Sr. Cavalcante, podia-se ler: "O responsável pela compra do insumo Beta, Sr. Kobbe, faz a contabilidade da empresa, procedimento contrário aos princípios da boa condução dos negócios, pois pode ensejar a manipulação de resultados".

Antes de tomarem qualquer decisão, os administradores da empresa leram a seguinte notícia dada pela imprensa: "A Autolatina demitiu, em 1991, vinte funcionários de uma só vez. A partir da denúncia de um fornecedor, a montadora descobriu que alguns produtos por ela comprados tinham seus preços fraudulentamente aumentados, Descobriu, também, que comprava outros produtos em excesso. Após US$ 3 milhões de prejuízo nos estoques (volumes elevados), descobriu-se que os funcionários ligados ao esquema de corrupção recebiam comissões dos fornecedores".

Comentários do autor

O relatório do gerente de auditoria aponta, acertadamente, para uma situação de risco para a empresa. Embora o Sr. Kobbe seja um funcionário antigo e de confiança, tal acúmulo de funções evidencia falta de controle interno, de risco potencial para a empresa.

A providência a ser tomada pelos administradores da CIAIRT deve ser no sentido de liberar o Sr. Kobbe de uma de suas duas importantes funções – a responsabilidade pelas compras ou a responsabilidade pela contabilidade da empresa – e designar outro funcionário para exercer uma das funções.

A separação de atividades como norma da empresa deve ser a regra e deve valer para todos. Essa atitude é o começo da instituição de controles internos, indispensáveis à prevenção de fraudes.

Assim, proibir que funcionários acumulem funções em áreas vulneráveis como finanças, vendas, compras, produção, estoque e informática deve ser postulado de conduta de qualquer empresa.

Lembrando-se de que nesses casos não há respostas certas ou erradas, aqui, são comentados por Lisboa (2010), porém permitem diferentes interpretações, dentro dos contextos de ética e moral já apresentados.

1.4. A SOCIEDADE E A ÉTICA

Pode-se notar que o conceito de ética vem sendo desenvolvido e estudado desde a antiguidade. Sócrates, por exemplo, que é considerado o fundador da ética, buscava a convicção moral de pessoas pertencentes à sociedade para que ele próprio pudesse compreender o que era a justiça, pois, apesar de acreditar na lei, ele a questionava, por não considerá-la absoluta.

Outro que buscava conhecer a natureza humana baseado no próprio conhecimento da sociedade era Aristóteles, que escreveu obras como *Ética a Eudemo* e *Ética a Nicômano* mediante a observação da sociedade em que estava inserido.

Entende-se por sociedade, conforme afirma Nalini (2006, p. 217) "[...] uma união moral estável de uma pluralidade de pessoas propostas ao atingimento de finalidades comuns, mediante utilização de meios próprios." O autor ainda declara que, esse agrupamento é permanente e não transitório, com forte união moral, vinculada a laços de solidariedade. Pode-se dizer que a sociedade surge de forma natural, pois o homem é um animal político por excelência e "[...] só realiza seus objetivos individuais se conseguir aliar a própria força à dos demais" (Nalini, 2006, p. 217).

Já Lisboa (2010, p. 16) define a sociedade como "[...] a integração entre duas ou mais pessoas que somam esforços para que determinado objetivo seja alcançado."

No que diz respeito à interação da sociedade e à ética, é preciso compreender, inicialmente, que cada indivíduo, ao nascer, tem suas primeiras referências, ou seja, um conjunto de ideais representados pelas condições sociais e econômicas que o cercam, como família, raça, religião e situação do país onde vive (Lisboa, 2010). Dessa forma, cada um terá sua própria visão de mundo, atribuindo valores diferenciados para determinados acontecimentos. Porém, o fato de haver comportamentos distintos para situações iguais, não implica atitudes certas ou erradas, significa apenas que cada um tem sua visão das coisas em decorrência do que recebeu na sua formação. Para Chauí (2000, p. 437)

> Nossos sentimentos, nossas condutas, nossas ações e nossos comportamentos são modelados pelas condições em que vivemos (família, classe e grupo social, escola, religião, trabalho, circunstâncias políticas, etc.). Somos formados pelos costumes de nossa sociedade, que nos educa para respeitarmos e reproduzirmos os valores propostos por ela como bons e, portanto, como obrigações e deveres. Dessa maneira, valores e maneiras parecem existir por si e em si mesmos, parecem ser naturais

> e intemporais, fatos ou dados com os quais nos relacionamos desde o nosso nascimento: somos recompensados quando os seguimos, punidos quando os transgredimos.

Lisboa (2010) afirma que determinadas sociedades veneram animais como deuses e não os oferecem em sacrifício, outras, os oferecem em rituais religiosos e os sacrificam. Tais diferenças são oriundas de comportamentos associados aos valores culturais que cada grupo institui, e isso, muitas vezes, acaba por gerar conflitos sociais, pois esses valores colocam frente a frente pessoas que buscam atingir diferentes objetivos de acordo com seus próprios valores.

Por fim, ainda de acordo com o autor, uma vez que as pessoas são obrigadas a conviver em sociedade, mesmo com eventuais conflitos de crenças e valores, que cada um atribui às coisas e aos fatos da vida, a moral e a ética independerão dos conflitos de interesse que essa convivência possa gerar.

Assim, como a vida em sociedade depende do respeito mútuo, tais conflitos de interesse devem ser superados e dever-se-á estabelecer um estilo de comportamento que sirva, de alguma forma, para todos na sociedade. Espera-se assim, "[...] que a Ética esteja na base de toda e qualquer norma que dite comportamentos a serem seguidos" (LISBOA, 2010, p. 22).

1.5. O PAPEL DA CONTABILIDADE NA SOCIEDADE

Para Sá (2010), a profissão contábil pode ser considerada uma das mais antigas do mundo, pois há provas do exercício profissional na era sumero-babilônica com mais de 6.000 anos, sendo que alguns registros já existiam com datas de até 20.000 anos atrás.

O autor evidencia que, dessa forma, tal profissão evoluiu junto com a sociedade, e nos dias de hoje é uma das mais requeridas e mais difundidas, pois todas as empresas e instituições precisam, obrigatoriamente, de seus serviços. Com isso, o contador desempenha uma relevante função, principalmente no que diz respeito à ética, já que está sempre envolvido em dilemas éticos, nos quais deverá exercer seu papel de profissional independente (LISBOA, 2010).

> A profissão contábil consiste em um trabalho exercido habitualmente nas células sociais, com o objetivo de prestar informações e orientações baseadas na explicação dos fenômenos patrimoniais, ensejando o cumprimento de deveres sociais, legais econômicos, tão como a tomada de decisões administrativas, além de servir de instrumentação histórica da vida da riqueza (SÁ, 2001, p. 148 e 149).

Argumenta o autor que umas das maiores virtudes sociais da profissão é o fato de se produzir informes qualificados sobre o comportamento patrimonial das entidades pois, desse modo, no caso dessas empresas prosperarem, o país, consequentemente, também prosperará. Assim, o contador, indiretamente, se torna responsável pelo desenvolvimento e prosperidade do país.

O contador também demonstra a relevância de seu papel na sociedade ao revelar de forma adequada certas informações que podem beneficiar o Estado, instituições, empresas, investidores, entre outros membros da sociedade interessados na divulgação contábil.

Por fim, o contador, para benefício próprio e da sociedade, deve sempre manter-se atualizado em assuntos relativos à sua profissão e também a outros, como política, economia, sociedade, educação etc.

1.6. A ÉTICA PROFISSIONAL

Cada sociedade ou concentração de pessoas em torno de um mesmo objetivo, seja por sobrevivência, negócios ou qualquer tipo de interesse comum, possui um Código de Ética, ainda que implícito, utilizado pelos participantes do grupo e também pelos que estão fora dessa esfera (SÁ, 2001). O autor também afirma que a formação de classes profissionais decorreu de forma natural há milhares de anos e que, atualmente, não só se encontram reguladas por lei, mas organizadas em instituições de classes fortíssimas.

Uma profissão, como exercício habitual de uma tarefa, normalmente é desempenhada a serviço de outras pessoas, está inserida na sociedade, como uma atividade específica. As relações oriundas de tal processo exigem a preservação de uma conduta com princípios éticos condizentes e que possam ser praticados pelos indivíduos desse grupo (SÁ, 2001).

Ainda conforme o autor, uma classe profissional pode ser caracterizada pela homogeneidade do trabalho que executam ou pela natureza do conhecimento exigido para a execução e habilitação de seu exercício. Deste modo, as pessoas que integram uma classe de profissionais, normalmente, possuem diversas características em comum.

Para Lisboa (2010) essas associações são regidas pela ética profissional de cada grupo, cujas relações podem ser entendidas como um conjunto de práticas do comportamento que devem ser observadas no exercício da profissão. Os grupos de profissionais devem, conforme preconiza Sá (2001, p. 110), "seguir uma ordem que permita a evolução harmônica do trabalho de todos, a partir da conduta de cada um, através de uma tutela no trabalho que conduza a regulação do individualismo perante o coletivo". Assim, o código de ética profissional é utilizado como um guia, cujos princípios éticos são conhecidos e aceitos pela sociedade (Lisboa, 2010).

Os Códigos de Ética profissionais representam "um conjunto de elementos que caracterizam o comportamento das pessoas dentro de um grupo social" (Borges; Medeiros, 2007, p. 64). Esses códigos possuem caráter coletivo, ou seja, "[...] os padrões de conduta neles estabelecidos são, de alguma forma, discutidos com os membros que compõem a respectiva classe profissional gerando regras que devem ser respeitadas por todos" (Alves *et al.*, 2007, p. 59). Desse modo, inicia-se a cooperação entre os padrões de conduta individual e os coletivos, que se relacionam de forma harmônica para o desempenho correto da função do empregado, bem como das funções dentro de uma organização.

Além disso, esse instrumento normativo define certos princípios que devem ser seguidos, no caso específico dos contadores, como a responsabilidade perante a sociedade e aos deveres da profissão, a lealdade ante o contratante de seus serviços, além da preservação da imagem profissional, entre outros (Lisboa, 2010).

Sá (2001) afirma que a criação de um Código de Ética Profissional normalmente possui uma base filosófica, com normas de virtudes básicas, comuns a todos os códigos e específicas para cada profissão. Esses códigos apresentam variações de acordo com cada profissão, pois cada uma tem suas próprias características e exigem qualidades morais que sejam pertinentes ao melhor desempenho do profissional.

Porém, nenhum código de ética consegue abarcar todos os problemas que aparecem no exercício de determinada profissão e, assim, é necessário que seja complementado com opiniões de órgãos competentes e associações profissionais (Lisboa, 2010). Alves (2005, p. 31), também constata que "a constituição desses instrumentos normativos não garante, porém, que o corpo funcional da organização irá segui-los", uma vez que cada profissional traz uma bagagem ética e cultural concernente à sua formação e que regerá sua conduta.

capítulo · 2

A legislação sobre a ética profissional

2.1. A PROFISSÃO CONTÁBIL

A profissão de contador foi regulamentada mediante publicação no Diário Oficial da União do Decreto nº 20.158, de 30 de junho de 1931, e somente em 1945 a profissão contábil foi considerada uma carreira universitária, com a criação das faculdades de Ciências Contábeis (Peleias *et al.*, 2007). Os autores ainda evidenciam que em 26 de janeiro de 1946, com a fundação da faculdade de Ciências Econômicas e Administrativas da Universidade de São Paulo, foi instituído o curso de Ciências Contábeis e Atuariais, o que pela primeira vez equiparou o Brasil, de certa forma, aos moldes de pesquisa e ensino norte-americanos.

Borges e Medeiros (2007) esclarecem que, em 27 de maio do mesmo ano, houve a criação do Conselho Federal de Contabilidade (CFC) e dos Conselhos Regionais de Contabilidade (CRCs), mediante o Decreto-Lei nº 9.295/46. Esses órgãos foram criados com o intuito de representar os profissionais da área, além de regulamentar as normas e os atos da profissão. Os autores ainda explicam que houve também a divisão da profissão, em categoria de técnico em contabilidade e de contadores, diferenciados por seu nível de formação e por prerrogativas estabelecidas mediante a Resolução do CFC nº 560 de 1983.

O ensino da contabilidade evoluiu no Brasil com grandes mudanças apresentadas nos anos 60 e meados dos anos 70, frutos do "milagre econômico" que o país vivenciava nessa época. Além disso, diversos fatores influíram para a modificação do currículo de Ciências Contábeis, como a Lei nº 4.024 de 20 de dezembro de 1961, que fixou as Diretrizes e Bases da Educação Nacional e criou o Conselho Federal de Educação (CFE) (Peleias *et al.*, 2007).

Ainda segundo os autores, os anos 80 ficaram conhecidos como a década perdida, já que não foram feitas grandes alterações e contribuições ao ensino de contabilidade. Em 1992 devido à Resolução do CFE nº 03 de 03 de outubro de 1992, que fixava normas para as instituições de contabilidade com relação à fixação do currículo para o curso de Ciências Contábeis, foram efetuadas algumas alterações curriculares no curso. A partir de 2002 até os dias de hoje, o Ministério da Educação e Conselho Nacional da Educação (MEC-CNE) vêm buscando e aperfeiçoando currículos que zelem pelo objetivo profissional dos alunos de contabilidade (Peleias *et al.*, 2007).

Já a evolução quantitativa dos cursos de Ciências Contábeis é bem mais dinâmica que sua própria regulamentação. Segundo o Instituto Nacional de Estudos e Pesquisas Educacionais Anísio Teixeira (INEP, 2006), em 2006, no Brasil, foram ofertados, entre universidades públicas e privadas, faculdades integradas e institutos, cerca de 879 cursos presenciais de graduação em Ciências Contábeis. O número de vagas ofertadas por vestibular e outros processos seletivos totalizaram 101.367; os alunos matriculados somavam 179.294 e os que concluíam o curso foram por volta de 28.931. O número de instituições que possuem graduação em Ciências Contábeis pode ser visualizado na Tabela 1.

TABELA 1 – DISTRIBUIÇÃO DOS CURSOS DE CIÊNCIAS CONTÁBEIS NO BRASIL

Região	Instituições Reconhecidas	Percentual
Norte	115	10%
Nordeste	269	23%
Sudeste	152	13%
Sul	442	37%
Centro-Oeste	202	17%
Totais	1180	100%

Fonte: Adaptado de MEC (2011)

Segundo o MEC (2011), neste ano foram reportados 1.180 cursos/habilitações autorizados e/ou reconhecidos em Ciências Contábeis no Brasil. Em 2009, eram 1.138 cursos/habilitações autorizados e/ou reconhecidos em Ciências Contábeis, o que vem aumentando a cada ano, pois conforme Frezzati, Martins e Leite Filho (2006), em 2002, existiam cerca de 700 cursos. Já conforme Niyama *et al.* (2008), até junho de 2006, eram 888 cursos autorizados e/ou reconhecidos pelo MEC. Esses números confirmam o crescimento e a importância da profissão contábil no mercado brasileiro.

2.1.1. A ética e a profissão contábil

A criação do Decreto-Lei nº 9295 de 27 de maio de 1946, criou também o Conselho Federal de Contabilidade (CFC),órgão que deverá fiscalizar e punir, mediante as regras estabelecidas no CEPC, os profissionais que infrinjam o seu regulamento. Nesse sentido, segundo o CFC (2003, p. 19) "O profissional de contabilidade, diante de tantos problemas que se apresentam no cotidiano, precisa de muita perseverança, tenacidade e honradez para não cometer erros que venham a denegrir a imagem de toda uma categoria".

Para que seja possível a discussão ética, é necessário um conjunto de regras de comportamento que o contabilista deve respeitar na execução de suas atividades. Assim, eles têm certos deveres para com a sociedade que, segundo Lisboa (2010) citando o *Institute of Management Accountants* (IMA), podem ser elencados conforme segue:

QUADRO 5 – RESPONSABILIDADES DOS CONTADORES NO DESENVOLVIMENTO DA PROFISSÃO

Responsabilidade	Descrição
Competência	• Nível adequado de competência profissional. • Adequar-se às leis, aos regulamentos, às instruções e aos códigos de ética. • Preparar relatórios claros e completos, com recomendações apropriadas após cada análise.

Responsabilidade	Descrição
Sigilo	• Guardar segredo das informações confidenciais da empresa. • Informar aos subordinas, bem como monitorá-los a manter o sigilo das informações. • Abster-se de usar informações confidenciais em proveito próprio.
Integridade	• Evitar conflitos de interesse. • Recusar presentes que possam influenciar suas ações. • Reconhecer e comunicar à administração da empresa limitações profissionais no exercício da função.
Objetividade	• Adotar linguagem clara e objetiva. • Evidenciar toda e qualquer informação que possa influenciar o usuário do relatório financeiro.

Fonte: Adaptado de Lisboa (2010) citando o IMA (1982)

Segundo o CFC (2003, p. 29) os códigos de ética surgem "[...] para tentar padronizar procedimentos diante de determinadas situações cotidianas, cujo objetivo será divulgar o senso de justiça que todo profissional deve ser possuidor, sempre lutando por uma sociedade mais justa".

No Brasil, no caso dos contadores, com o intuito de construir e regulamentar, além de fiscalizar a profissão contábil, surgiu, por meio da Resolução nº 803/96, o CEPC que, em conjunto com os Códigos de Ética Empresarial, vislumbram tornar o trabalho dos profissionais e das instituições mais éticos e corretos.

Lisboa (2010, p. 61) afirma que "o objetivo do código de ética para o contador é habilitar esse profissional a adotar uma atitude pessoal, de acordo com os princípios éticos conhecidos e aceitos pela sociedade". Dessa forma, de acordo com CEPC, são dispostos os princípios que regem a conduta do profissional contábil, bem como os deveres e as proibições, além da fixação do valor dos serviços profissionais e os deveres em relação aos colegas e à classe e, por fim, as penalidades, no caso de infração.

O capítulo I do CEPC (Anexo 1) objetiva fixar a forma pela qual os contabilistas devem conduzir suas atividades no exercício da função. Já no capítulo II, do artigo 2º, são elencados os deveres e proibições para os profissionais da área. Entre eles, estão a exigência de se exercer a profissão com zelo, diligência, honestidade e a questão da guarda do sigilo em razão de ato ilícito, com ressalvas para os casos previstos em lei.

Esse capítulo também dispõe sobre a competência na execução de trabalhos, sobre a renúncia do profissional, no caso de desconfiança por parte do cliente, sobre a substituição do profissional que, nesse caso, deverá informar ao substituto os fatos necessários para a continuação do trabalho. Por fim, o capítulo preconiza que o contabilista deverá manifestar, a qualquer tempo, impedimento para o exercício da profissão, bem como a solidarização com os membros de defesa da dignidade profissional.

O artigo 3º, do incisos I ao XXII, evidencia as proibições ao trabalho dos contabilistas, ou seja, atos que entram em conflito com os valores preconizados pelo CEPC. Elas estão divididas, conforme Alves (2005), em procedimentos que desprestigiarão a categoria profissional perante a sociedade, pois inferem prejuízo moral a terceiros (incisos I, II, VII e XXI). Dispõe sobre aqueles que depreciam a profissão ante os colegas de classe (incisos I, II, XXI) e, por último, sobre os considerados atos ilícitos (incisos III a VI e VIII a XXV).

De acordo com o artigo 4º, o profissional da contabilidade poderá publicar relatório, parecer ou trabalho técnico-profissional, assinado e sob sua responsabilidade.

Os incisos apresentados no artigo 5º englobam os aspectos referentes ao contador, quando perito, assistente técnico, auditor ou árbitro e o que ele deve considerar em razão de sua capacitação. Entre os exemplos estão: interpretações tendenciosas, argumentos ou convicções pessoais além da imparcialidade e a abstenção no caso de não estar suficientemente informado e munido de documentos.

No mesmo artigo, incisos VII a IX, estão dispostas questões relativas ao respeito aos Princípios Fundamentais e às Normas Brasileiras de Contabilidade editadas pela Resolução nº 750/93 do CFC, bem como ao impedimento de emissão de parecer. Por fim, o profissional deverá atender à fiscalização dos CRCs e do CFC sempre que solicitado, como também dispor e apresentar, quando requisitados, relatórios e documentos que originaram seu trabalho. De acordo com o CFC (2003, p. 29 a 31) seguem alguns exemplos de infrações previstas no CEPC.

QUADRO 6 – INFRAÇÕES PREVISTAS NO CEPC

Ação	Característica
1. Angariar clientes por meio de agenciador.	Utilizar-se de terceiros para obter novos clientes, oferecendo-lhe percentuais ou outros meios como forma de pagamento por cliente.
2. Inexecução dos serviços contábeis para os quais foi expressamente contratado.	Deixar de executar os serviços contábeis contratados pelo cliente e em desobediência à Legislação e às Normas Brasileiras de Contabilidade.
3. Inexecução de serviços contábeis obrigatórios.	Não executar os serviços de acordo com os princípios contábeis, sendo eles obrigatórios e informar ao seu cliente sobre a situação econômico-financeira de sua empresa, por meio dos lançamentos e das Demonstrações Contábeis.
4. Adulteração ou manipulação fraudulenta na escrita ou em documentos, com o fim de favorecer a si mesmo ou a clientes.	Trabalhar de forma inidônea para seu cliente ou com os órgãos públicos ao recolher impostos e assim deixar de conservar a boa-fé e a confiabilidade depositadas pelo empresário.
5. Apropriação indébita.	Apropriar-se de valores confiados pelos clientes para recolhimento de impostos devidos pelas empresas aos cofres públicos.
6. Incapacidade técnica.	Contratar serviços contábeis para o qual não esteja, absolutamente, capacitado para executá-los, e, dessa forma, colocar em risco o patrimônio da empresa por causa das más execuções dos serviços e, assim, denegrir a imagem de uma categoria.
7. Incapacidade técnica em virtude de erros reiterados (precedida de processo de sindicância).	Persistir nos erros durante a execução dos trabalhos, sabendo que não está capacitado para realizá-los.
8. Aviltamento de honorários.	Ocorre quando um profissional oferece seus serviços por preço bem inferior ao ofertado pelos demais profissionais da área. Deve ser levado em consideração o tipo de atividade desenvolvida pelo cliente "disputado", como também a região em que deverá ser prestado o serviço.

Ação	Característica
9. Concorrência desleal.	Pode ser caracterizada pela propaganda desabonadora que um profissional faça de outro colega. Poderá ocorrer na oferta de serviços de forma promocional, como, por exemplo: "seja nosso cliente e ganhe três meses de honorários de graça." Importante observar que, nesse caso, o profissional ou a empresa de contabilidade pode até cobrar honorários superiores àqueles dos outros colegas, porém, por tratar-se de uma "oferta", certamente, cativará clientes em detrimento dos demais profissionais. A concorrência desleal pode ser caracterizada, também, por propagandas enganosas, como: "seja nosso cliente e não pague imposto de renda."
10. Anúncio que resulte na depreciação de colega ou de organização contábil.	Publicar de forma imoderada os trabalhos desenvolvidos nos meios de circulação, menosprezando os trabalhos executados pelos colegas daquela região.
11. Retenção abusiva, danificação ou extravio de livros ou documentos contábeis, comprovadamente, entregues aos cuidados do contabilista.	Reter, abusivamente, documentos quando houver troca de profissional por parte do cliente, extraviá-los ou danificá-los quando forem confiados ao profissional no decorrer da prestação dos serviços. O profissional da contabilidade que infringir qualquer norma será penalizado após decisão do Conselho Superior de Ética de cada Regional.

Fonte: Adaptado de CFC (2003, p. 29 a 31)

Apesar das dificuldades e dos problemas que circundam a fixação de honorários, como o aviltamento de remuneração pecuniária e concorrência desleal, o capítulo III do CEPC, fixa alguns parâmetros básicos que devem ser seguidos, como a relevância ou a dificuldade do trabalho a ser executado, além do tempo de execução e a impossibilidade de realização de outros trabalhos simultaneamente. Também é fixada a peculiaridade do cliente, seja ele eventual, habitual ou permanente, bem como o local da prestação do referido trabalho.

O Sindicato dos Contabilistas de Curitiba (Sicontiba, 2009) disponibiliza os valores de referência para serviços contábeis que são livres para cada estabelecimento, porém devem obedecer ao valor mínimo disposto por este órgão, conforme a tabela 2, que tem o propósito de não permitir o aviltamento entre os próprios profissionais.

O Sicontiba (2009) separou as empresas em classes, criando, segundo seu faturamento, o valor mínimo do honorário para execução de serviços contábeis. Ainda, segundo esse órgão, os valores superiores aos estabelecidos na tabela 2 deverão ser combinados entre o profissional contábil e o contratante. Ao contrário do que está disposto no CEPC, em outros países, segundo a Federação Internacional dos Contadores (IFAC, 2005), o fato de um profissional da área cobrar um valor menor por seus serviços prestados do que o cobrado por outros, não consiste em atitude antiética.

TABELA 2 – PLANILHA ORIENTATIVA PARA COBRANÇA DE HONORÁRIOS SOBRE SERVIÇOS DE CONTABILIDADE

Classe	Fat. Mensal R$	Honorários R$
01	0.000,00 a 7.649,00	456,00
02	7.649,01 a 16.940,00	503,00
03	16.940,01 a 30.786,00	701,00
04	30.786,01 a 56.056,00	950,00
05	56.056,01 a 70.002,00	1.563,00
06	70.002,01 a 102.016,00	2.184,00
07	102.016,01 a 186.512,00	3.008,00
08	186.512,01 a 338.791,00	3.305,00
09	338.791,01 a 616.199,00	5.005,00
10	616.199,01 a 1.121.435,00	6.682,00

Fonte: Adaptado de SICONTIBA (2009).

Já no capítulo IV do CEPC, são apresentados os deveres dos contadores em relação aos colegas e à classe como um todo. Os princípios de solidariedade, consideração, respeito e apreço não devem justificar, segundo o CEPC, a participação ou conivência com erros e atos que infrinjam as normas éticas e legais que regem a profissão.

Devem, também, ser observados os dispostos sobre a abstenção de se fazer referências prejudiciais ou desabonadoras aos colegas, bem como, não aceitar encargo profissional em substituição daqueles que tenham dele desistido, para que seja preservada a imagem do profissional e da classe como um todo. Os contabilistas devem observar o disposto sobre a não apropriação de trabalho, de iniciativas ou de soluções encontradas pelos colegas e que delas não tenham participado.

O artigo 11 trata das normas de conduta que o profissional da contabilidade deve observar. Entre os preceitos básicos descritos nos incisos I e II, estão a conduta moral, intelectual e material, o zelo pelo prestígio da classe, assim como pela dignidade e pelo aperfeiçoamento profissional. O inciso III estabelece as normas relativas à aceitação do profissional da área para o cargo de dirigente nas entidades de classe. O profissional deverá, ainda, segundo os incisos IV e V, acatar resoluções votadas pela classe contábil, inclusive aquelas relativas a honorários profissionais e zelar pelo cumprimento do CEPC. O inciso VI está relacionado à não formulação de juízos depreciativos pelo profissional em relação à classe contábil. Por fim, observando-se os incisos VII e VIII, o contador deverá representar perante os órgãos competentes sobre as irregularidades comprovadamente ocorridas na administração de entidade da classe contábil, e jamais utilizar-se de posição ocupada na direção de entidades de classe em benefício próprio ou para proveito pessoal.

No capítulo V estão descritas as penalidades que podem ser aplicadas na inobservância, por parte dos contabilistas, das normas estabelecidas pelo CFC. Conforme o artigo 12, as transgressões ao código constituem infração ética e são sancionadas segundo sua gravidade. Entre as penas previstas, estão a advertência e a censura reservada, além da censura pública. Porém, as faltas cometidas podem ser atenuadas, em defesa de prerrogativa profissional, ausência de punição anterior e, também, podem culminar em prestação de serviços à comunidade.

No artigo 13 do CEPC é relatado que o julgamento das questões relacionadas a transgressões de seus preceitos são de responsabilidade, inicialmente, dos CRCs, que funcionarão como Tribunais Regionais de Ética, facultando o recurso de efeito suspensivo, com o prazo de quinze dias e passará, então, a responsabilidade para o CFC em sua condição de Tribunal Superior de Ética e Disciplina.

Por fim, no mesmo artigo, são definidas as questões relativas ao recurso voluntário que somente será encaminhado ao CFC se o CRC responsável mantiver ou reformar parcialmente a decisão. Além disso, no caso de denúncia, o CRC comunicará ao denunciante a instauração de processo até trinta dias após esgotado o prazo de defesa.

2.1.2. Casos práticos

A seguir, serão apresentados alguns casos adaptados de Lisboa (2010), que abordam os conceitos de ética e moral vistos até aqui e simulam situações que podem ocorrer no dia a dia dos profissionais da área.

- **Caso 01** (Lisboa, 2010, p. 72)

Abel trabalha em um conglomerado financeiro. Ele é contador da distribuidora de títulos Zilenia, A empresa de auditoria independente "Correta" acaba de ganhar a concorrência para auditar o conglomerado. Abel foi escalado pela Zilenia para acompanhar os trabalhos da Correta, providenciar documentos solicitados e esclarecer procedimentos. Os sócios da empresa de auditoria estão em dúvida se a presença de um funcionário da instituição auditada perante a sua equipe de auditores pode ser considerada falta de ética.

Comentários do autor

Do ponto de vista da ética profissional, Abel pode participar dos trabalhos de auditoria, sem tirar a independência da Correta em relação ao Conglomerado. A Correta usará os serviços de Abel tal como usaria os serviços de um auditor interno. Nesse caso, não se configura falta de ética.

- **Caso 02** (Lisboa, 2010, p. 72 e 73)

A firma de auditoria Equipe opera no mercado nacional há 22 anos e goza de ótima reputação. Tem em sua carteira de clientes diversas instituições de médio e grande porte. A Equipe acaba de fazer uma boa proposta de trabalho para Alsonia Silva, *controller* do Exembank, instituição financeira, cliente da Equipe. Os sócios dessa empresa de auditoria questionam se é correta a contratação de Alsonia, do ponto de vista ético.

Comentários do autor

À luz da ética profissional, a Equipe será considerada independente, se Alsonia estiver claramente dissociada do Exembank no período da contratação. A profissional não deverá ter participado dos serviços de auditoria no período em que tenha recebido a proposta de emprego. Assim, a contratação da *controller* para o quadro de profissionais da empresa de auditoria, é um ato administrativo normal, e cabe à empresa apenas evidenciar a separação de Alsonia Silva dos serviços de auditoria no período da admissão.

- **Caso 03** (Lisboa, 2010, p. 73)

Durante os serviços anuais de auditoria independente no Banco Caravelas, o auditor, Paulo, foi convidado a ser *controller* da empresa. Ele está vivamente interessado na proposta, pois, além de um salário promissor, as condições de trabalho condizem com suas expectativas profissionais. Paulo planeja conversar demoradamente com a direção do Caravelas para conhecer os detalhes da nova carreira. Pergunta-se: a proposta feita ao auditor afeta, de alguma forma, a credibilidade do relatório de auditoria?

Comentários do autor

À luz da ética profissional, o auditor deve afastar-se dos serviços imediatamente, até que o relatório de auditoria, acompanhado do respectivo parecer, seja entregue ao Banco Caravelas. Caso não o faça, cabe à empresa de auditoria verificar se o auditor está agindo com objetividade e integridade.

- **Caso 04** (Lisboa, 2010, p. 73 e 74)

Carlos é o contador do Banco Lexo. A divisão de planejamento tributário da empresa está sob sua responsabilidade. Neste ano, Carlos observou, e comunicou à diretoria, a necessidade de que o Lexo provisione $ 900.000 devido à licença-prêmio a que fazem jus os empregados após dez anos de serviço (que pode ou não ser gozada). Carlos alerta, ainda, que sobre esse valor incidirá alíquota do Imposto de Renda, pois a provisão é não dedutível para fins fiscais. A administração do banco solicita a Carlos que encontre uma forma de evitar que o lucro da instituição seja onerado devido às expectativas que a direção tem de valorização de suas ações na Bolsa de Valores. Carlos assim faz: deixa de contabilizar a provisão correspondente, omitindo, ainda, a informação relativa ao Imposto de Renda.

Comentários do autor

Ao obedecer às ordens dada pela direção do Lexo, Carlos colocou sob suspeita sua competência e integridade. Isso porque, se fosse um contador competente, Carlos poderia ter recomendado, com ênfase, formas alternativas de *disclosure* para a provisão do pagamento de licença-prêmio e do Imposto de Renda. Claro está que essas formas alternativas não substituem, em nenhuma hipótese, a contabilização. Se íntegro, Carlos não omitiria a informação sobre o Imposto de Renda a pagar (mesmo sendo ela de corrente da licença-prêmio não contabilizada). O que se quer salientar é que um erro não pode ser usado para justificar outro.

A discussão desse caso leva à análise ética do conceito de planejamento tributário. Esse tipo de atividade dentro da empresa, enquanto forma de prever fluxos de caixa futuros dentro de uma estrutura tributária, é válido e necessário à adequada gestão do empreendimento. Já como atividade de prever falhas na lei, beneficiando-se de lacunas e falhas de redação, é atividade antiética. No caso acima, pode-se afirmar que um código de ética inibiria a ordem para desonerar o lucro da empresa. Isso porque bastaria que um funcionário qualquer do Lexo soubesse do fato para que a empresa ficasse vulnerável à acusação de fraude, com repercussões danosas para sua imagem.

capítulo · 3

Exercícios

A seguir, seguem os exercícios retirados do exame do CRC desde 2000 até 2004 e algumas questões do primeiro exame realizado em 2011. Todos estão comentados e evidencia-se trechos da lei ou do CEPC para que as respostas sejam fundamentadas de acordo com os textos legais.

01. (Contador – 2°/2000) O Contabilista poderá requerer desagravo público ao Conselho Regional de Contabilidade quando:

a) For atingido, pública e injustamente, no exercício de sua profissão.
b) Houver falta cometida em defesa de prerrogativa profissional.
c) Não for comunicado da instauração do processo até trinta dias após esgotado o prazo de defesa.
d) Tiver existido, anteriormente, de sua parte, prestação de relevantes serviços à classe contábil.

Resolução

A alternativa "a" é a correta, pois considera que é vedado ao contador, anunciar em qualquer modalidade ou veículo de comunicação, conteúdo que deprecie o colega, organização ou classe contábil em detrimento dos demais. Nesse caso, o injuriado poderá requerer desagravo público se for atingido, pública e injustamente, no exercício de sua profissão. Além disso, a conduta do profissional da contabilidade com relação aos colegas deve ser pautada nos princípios de consideração, respeito, apreço e solidariedade, em consonância com os postulados de harmonia da classe.

Resposta: "a".

02. (Técnico – 2°/2002) O Contabilista deve fixar previamente o valor dos serviços, de preferência por contrato escrito, considerando:

a) A possibilidade de ficar impedido de realizar outros serviços.
b) O resultado ilícito favorável que, para o contratante, advirá com o serviço prestado.
c) As peculiaridades de cada magistrado e assistente técnico quando cliente habitual.
d) A impossibilidade de avaliar o tempo necessário para a realização de outros serviços.

Resolução

A questão está baseada no artigo 6° do CEPC. A alternativa "b" apresenta, equivocadamente, o resultado ilícito, favorável que, para o contratante, advirá com o serviço prestado, porém, é o resultado lícito que deverá ser utilizado como base para a fixação do valor dos serviços.

A alternativa "c" não possui nenhuma ligação com o CEPC.

No caso da alternativa "d", o contador é obrigado a avaliar o tempo necessário para a realização do trabalho.

Resposta: "a".

03. (Técnico – 2°/2002) Durante o julgamento de questões relacionadas à transgressão de preceito do Código de Ética Profissional do Contabilista é CORRETO afirmar que:

a) Comete ilícito o Contabilista que manifesta, por escrito, sua discordância com o artigo do Código.
b) Os Conselhos Regionais de Contabilidade funcionam como Tribunal Regional de Ética.
c) Os Conselhos Regionais de Contabilidade são a última instância, não cabendo recurso com efeito suspensivo.

d) Comete ilícito o Contabilista que alega o desconhecimento do conteúdo do Código.

Resolução

De acordo com a Resolução nº 803/96, capítulo V, artigo 13, do CFC, cujas disposições referem-se às penalidades, o julgamento de questões relacionadas à transgressão de preceito do CEPC é de incumbência, originalmente, dos Conselhos Regionais de Contabilidade.

Resposta: "b".

04. (Contador – 1°/2003) **A transgressão dos preceitos estabelecidos pelo Código de Ética Profissional do Contabilista constitui infração sancionada com a aplicação de uma das seguintes penalidades:**

a) Advertência reservada, advertência pública e censura pública.
b) Advertência reservada, advertência pública e multa.
c) Advertência reservada e suspensão do exercício da profissão.
d) Advertência reservada, censura reservada e censura pública.

Resolução

De acordo com o artigo 12, a transgressão dos preceitos estabelecidos no CEPC constitui infração ética, sancionada, segundo a gravidade, com a aplicação de uma das seguintes penalidades: I – advertência reservada; II – censura reservada; III – censura pública. Para Alves (2005) o referido artigo estabelece que as punições devem ser aplicadas de acordo com sua gravidade, porém não há referência ao que possa ser considerado gravidade de infração e nem consta a definição objetiva dos níveis de gravidade. Assim, o julgamento da gravidade dependerá da consciência de quem irá tomá-la ou julgá-la.

Resposta: "d".

05. (Contador – 1°/2003) **Um contador recebeu proposta para executar uma perícia e reconhece não estar devidamente capacitado**

para executá-la. Mas os honorários são compensadores. Segundo o Código de Ética Profissional do Contabilista, o contador deverá:

a) Recusar sua indicação quando reconhecer não estar capacitado em face da especialização requerida.
b) Aceitar a proposta porque não se recusa trabalho.
c) Buscar o apoio necessário em algum colega que tenha a especialidade.
d) Aceitar a proposta, mas informar ao cliente sobre sua incapacidade.

Resolução

Conforme o artigo 5º, do CEPC, o contador, ao atuar como perito, assistente técnico, auditor ou árbitro deverá recusar sua indicação quando reconhecer não se achar capacitado em face da especializa-ção requerida.

Esse caso está relacionado à imperícia, que pode ser definida como a falta de conhecimentos por parte do profissional para executar determinado trabalho a que se proponha realizar. Na área contábil, podemos citar outros exemplos de imperícia, como o da realização de trabalhos de auditoria por um técnico em contabilidade e não por um contador, este, sim, apto para realizar o trabalho, enquanto aquele estaria impedido de executá-lo. No caso de perícia contábil, o técnico em contabilidade também estaria impedido, pois, nesse caso, o laudo pericial seria considerado nulo de pleno direito e não produziria qualquer efeito jurídico. As respostas "b", "c" e "d" somente reforçam a imprudência do profissional.

Resposta: "a"

06. (Contador – 2º/2003) De acordo com o Código de Ética Profissional, um dos deveres do Contabilista é:

a) Comunicar, desde logo, ao cliente ou ao empregador, em documento reservado, eventual circunstância adversa que possa influir na decisão daquele que lhe formular consulta ou lhe confiar trabalho, estendendo-se a obrigação a sócios e executores.

b) Anunciar em qualquer modalidade ou veículo de comunicação, conteúdo que resulte na diminuição do colega, da organização contábil ou da classe, sendo sempre admitida a indicação de títulos, especializações, serviços oferecidos, trabalhos realizados e relação de clientes.

c) Deixar de atender à fiscalização dos Conselhos Federal e Regionais de Contabilidade, no sentido de colocar à disposição destes, sempre que solicitado, papéis de trabalho, relatórios e outros documentos que deram origem e orientaram a execução de seu trabalho.

d) Abster-se de expender argumentos ou dar a conhecer sua convicção pessoal sobre direitos de quaisquer das partes interessadas, ou da justiça da causa em que estiver servindo, mantendo seu laudo no âmbito técnico e limitado aos quesitos propostos.

Resolução

A alternativa "b" contraria totalmente o que está disposto no artigo 3º do Código de Ética: no desempenho de suas funções, é vedado ao profissional da contabilidade anunciar, em qualquer modalidade ou veículo de comunicação, conteúdo que resulte na depreciação do colega, da organização contábil ou da classe, em detrimento dos demais, sendo sempre admitida a indicação de títulos, especializações, serviços oferecidos, trabalhos realizados e relação de clientes.

A proposição "c" também apresenta situação contrária à disposta no artigo 5º, inciso IX: atender à fiscalização dos Conselhos Regionais de Contabilidade e Conselho Federal de Contabilidade no sentido de colocar à disposição desses órgaos, sempre que solicitado, papéis de trabalho, relatórios e outros documentos que deram origem e orientaram a execução do seu trabalho.

Já a assertiva "d" está correta de acordo com o CEPC, artigo 5º, inciso III, mas apenas quando o contador atuar como perito, assistente técnico, auditor ou árbitro. Neste caso ele deverá "abster-se de expender argumentos ou dar a conhecer sua convicção pessoal sobre os direitos de quaisquer das partes interessadas, ou da justiça da causa em que estiver servindo, mantendo seu laudo no âmbito técnico e limitado aos quesitos propostos". Ou seja, tal situação somente se aplica quando o contador desempenha a função de perito, técnico, auditor ou árbitro.

Resposta: "a"

07. (Contador – 2º/2003) O Código de Ética Profissional do Contabilista tem por objetivo fixar normas éticas a serem observadas pelo profissional de contabilidade no exercício de suas atividades. A partir dessa afirmativa, é vedado ao Contabilista:

a) Renunciar as funções que exerce, logo que se positive falta de confiança por parte do cliente ou do empregador, a quem deverá notificar com trinta dias de antecedência, zelando, contudo, para que os interesses dos mesmos não sejam prejudicados, evitando declarações públicas sobre os motivos da renúncia.
b) Emitir referência que identifique o cliente ou o empregador, com quebra de sigilo profissional, em publicação em que haja menção a trabalho que tenha realizado ou orientado, salvo quando autorizado por eles.
c) Comunicar, desde logo, ao cliente ou ao empregador, em documento reservado, eventual circunstância adversa que possa influir na decisão daquele que lhe formular consulta ou lhe confiar trabalho, estendendo-se a obrigação a sócios e executores.
d) Atender à fiscalização dos Conselhos Regionais de Contabilidade e Conselho Federal de Contabilidade no sentido de colocar à disposição desses, sempre que solicitado, papéis de trabalho, relatórios e outros documentos que deram origem e orientaram execução do seu trabalho.

Resolução

A proposição "a" e "c" tratam dos deveres do contador, conforme o artigo 2º, incisos VI e IV, respectivamente, do Código de Ética.

A alternativa "d" refere-se às atribuições do contador ao exercer as funções de perito, assistente técnico, auditor ou árbitro, conforme disposto no artigo 5º, inciso IX, do mesmo Código.

Resposta: "b"

08. (Contador – 2°/2003) Uma das normas de conduta que o Contabilista deve observar, em relação aos seus colegas é:

a) Abster-se de dar parecer ou emitir opinião sem estar suficientemente informado e munido de documentos.
b) Abster-se de fazer referências prejudiciais ou de qualquer modo desabonadoras.
c) Recusar sua indicação quando reconhecer não se achar capacitado em face da especialização requerida.
d) Considerar com imparcialidade o pensamento exposto em laudo submetido a sua apreciação.

Resolução

O erro apresentado na alternativa "a" está relacionado ao fato de o contador não estar suficientemente informado e munido de documentos, ou seja, para que este dê a sua opinião, ele precisará estar munido de informações e documentos.

Tanto a alternativa "c" quanto a "d" não estão relacionadas às normas de conduta do contabilista em relação aos seus colegas. Logo, a alternativa correta é a "b".

Resposta: "b"

09. (Técnico – 2°/2003) O tipo de regulamentação necessária para que a coletividade exista é a:

a) Regulação Amoral.
b) Regulação Física.
c) Regulação Moral.
d) Regulação Social.

Resolução

Apesar desse tema não estar explícito no CEPC, deve-se observar que não existe coletividade sem regulação social, sem que algum tipo de poder seja exercido, sem que normas vigorem e ordenem as condutas sociais, sem que crenças morais sejam cultivadas de forma coletiva e sem que, um mínimo de adesão a essas normas, por parte dos agentes, esteja assegurado.

Resposta: "d"

10. (Técnico – 2°/2003) A transformação sofrida pela moral do oportunismo dentro do ambiente empresarial é a:

a) Moral da parcialidade.
b) Moral da imparcialidade.
c) Moral da parceria.
d) Moral dos bons costumes.

Resolução

Apesar desse tema também não estar explícito no CEPC, no âmbito empresarial, a moral do oportunismo apenas ganha outra "roupagem" sob a forma de moral da parcialidade, ou seja, ocorreu um eufemismo.

Resposta: "a"

11. (Técnico – 1°/2004) Cabe ao profissional Contabilista:

a) Comunicar, ao cliente ou ao empregador, eventual circunstância adversa que possa influir na decisão de quem consulta, sendo facultativo tal comunicado aos seus sócios ou executores.
b) Inteirar-se de alguma circunstância antes de emitir opinião sobre qualquer caso.
c) Ser solidário com os movimentos de defesa da dignidade profissional, desde que a remuneração da classe não seja ponto de discussão de tais movimentos.
d) Zelar por sua competência exclusiva na orientação técnica dos serviços a seu cargo.

Resolução

Na assertiva "a" o erro está na palavra "facultativo" em relação a comunicar os sócios e executores, pois, de acordo com o artigo 2°, inciso IV, do CEPC, o comunicado deverá estender-se também a eles.

Na alternativa "b" o correto seria inteirar-se de todas as circunstâncias conforme disposto no artigo 2º, inciso V do CEPC.

Na proposição "c" o equívoco está relacionado ao fato de a solidariedade dos movimentos de dignidade profissional não alcançar a remuneração de classe, uma vez que é um direito do profissional, segundo o CEPC.

Resposta: "d"

12. **(Técnico – 1º/2004) Considerando as opções de penalidades por transgressão à ética profissional prevista no Código de Ética Profissional do Contabilista, identifique a afirmativa CORRETA.**

a) A transgressão dos preceitos descritos no Código de Ética Profissional do Contabilista constitui infração ética, sancionada, segundo a gravidade, com a aplicação das seguintes penalidades: advertência reservada, censura reservada ou censura pública.

b) A transgressão dos preceitos descritos no Código de Ética Profissional do Contabilista constitui infração disciplinar, sancionada segundo a gravidade, com a aplicação de penalidades que podem ser a censura reservada ou a censura pública.

c) A transgressão dos preceitos descritos no Código de Ética Profissional do Contabilista constitui infração disciplinar, sancionada, segundo a gravidade, com a aplicação de valores distintos de multa pecuniária.

d) A transgressão dos preceitos descritos no Código de Ética Profissional do Contabilista constitui infração ética, sancionada, segundo a gravidade, com a aplicação de penalidades que vão desde o pagamento de multa pecuniária até a suspensão do registro profissional.

Resolução

De acordo com o artigo 12, do CEPC, a alternativa "a" é a correta. As penalidades que podem ser aplicadas ao contador são: advertência reservada, censura reservada ou censura pública.

Resposta: "a"

13. (Técnico – 1°/2004) Na aplicação das sanções éticas, serão considerados como atenuantes, EXCETO:

a) Falta cometida em defesa da prerrogativa profissional.
b) Atividade exercida ou do cargo ocupado na data da transgressão.
c) Ausência de punição ética anterior.
d) Prestação de relevantes serviços à contabilidade.

Resolução

De acordo com o artigo 12, § 1º, do CEPC, a única alternativa que não apresenta relação com os atenuantes, no caso da aplicação das sanções éticas, é a alternativa "b", pois, a atividade exercida ou o cargo ocupado na data da transgressão, não podem ser considerados atenuantes.

Resposta: "b"

14. (Técnico – 1°/2004) Conforme as exigências do Código de Ética Profissional, é vedado ao Contabilista:

a) Zelar pela própria competência exclusiva na orientação técnica dos serviços a seu cargo.
b) Transferir parcialmente a execução dos serviços a seu cargo a outro Contabilista.
c) Oferecer ou disputar serviços profissionais mediante aviltamento de honorários.
d) Fixar previamente o valor dos serviços por contrato escrito.

Resolução

As alternativas "a", "b" e "d" são legais, consoante o CEPC.

De acordo com o artigo 6º,do mesmo Código, não deverá haver aviltamento dos honorários ou concorrência desleal com o objetivo de disputar clientes.

Resposta: "c"

15. (Técnico – 1°/2004) É dever do Contabilista, na exigência legal da profissão em conformidade com o Código de Ética Profissional:

a) Emitir opinião sobre qualquer caso, mesmo sem inteirar-se de todas as circunstâncias.
b) Manifestar, a qualquer tempo, a existência de impedimento para o exercício da profissão.
c) Publicar ou distribuir, em seu nome, trabalho científico ou técnico do qual não tenha participado.
d) Valer-se de agenciador de serviços, mediante participação deste nos honorários a receber.

Resolução

A alternativa "a" apresenta erro ao relatar que o contador *poderá* omitir opinião, mesmo sem inteirar-se de todas as circunstâncias. Ao contrário disso, ele *deverá* conhecer todas as circunstâncias.

Segundo o artigo 3°, inciso XXII, do CEPC, é vedado ao contador tal ato, portanto a alternativa "c" está incorreta.

Na alternativa "d" também *é vedado* ao contador valer-se de agenciador de serviços e não um *dever,* conforme solicita o enunciado da questão.

Resposta: "b"

16. (Técnico – 1°/2004) O Código de Ética Profissional do Contabilista tem como objetivo:

a) Assinalar equívocos ou divergências no que concerne à aplicação dos Princípios Fundamentais e Normas Brasileiras de Contabilidade.
b) Fixar a forma pela qual se devem conduzir os Contabilistas, quando no exercício profissional.
c) Informar sobre fatos que devam chegar ao conhecimento dos Contabilistas, a fim de habilitá-los para o bom desempenho das suas funções.

d) Representar sobre irregularidades comprovadamente ocorridas na administração de entidade da classe.

Resolução

De acordo com o capítulo I, o objetivo do CEPC, constituído como código de conduta da profissão, é exatamente o de fixar a forma pela qual se devem conduzir os profissionais da contabilidade quando no exercício da profissão.

Resposta: "b"

17. (Técnico – 1º/2004) Em decorrência de desentendimentos familiares, dois Contabilistas agrediram-se na presença de colegas em local público. Esta atitude, de acordo com o Código de Ética Profissional do Contabilista:

a) É passível de punição pelo órgão de classe.
b) Não é passível de punição pelo órgão de classe.
c) Pode acarretar a censura pública de um ou de ambos os contendedores.
d) Pode acarretar a censura reservada de um ou de ambos os contendedores.

Resolução

O CEPC não trata de questões relativas à família, portanto a alternativa correta é "b".

Resposta: "b"

18. (Contador – 1º/2004) O Código de Ética Profissional do Contabilista fixa normas éticas a serem observadas pelo profissional da contabilidade no exercício de suas atividades. Por isso, o contador, quando perito, assistente técnico, auditor ou árbitro, deverá:

a) Abster-se de expender argumentos ou dar a conhecer sua convicção pessoal sobre os direitos de quaisquer das partes interessadas, ou da justiça da causa em que estiver servindo, mantendo seu laudo no âmbito técnico e limitado aos quesitos propostos.

b) Auferir qualquer provento em função do exercício profissional que não decorra exclusivamente de sua prática lícita.

c) Publicar ou distribuir, em seu nome, trabalho científico ou técnico do qual não tenha participado, mesmo que tenha acompanhado seu desenvolvimento na fase de elaboração, embora artigos tenham sido publicados em nome de outros.

d) Valer-se de agenciador de serviços, mediante participação deste nos honorários a receber.

Resolução

As alternativas "b", "c" e "d" são vedações impostas pelo CEPC ao profissional da contabilidade no exercício da função e não obrigações (Resolução nº 803/96 do CFC, artigo 3º, incisos III, VII e XXII).

Resposta: "a"

19. **(Técnico – 2º/2004) No desempenho de suas funções, é dever do Contabilista:**

a) Assumir, direta ou indiretamente, serviços de qualquer natureza, com prejuízo moral ou desprestígio para a classe.

b) Auferir qualquer provento em função do exercício profissional que não decorra, exclusivamente, de sua prática lícita.

c) Inteirar-se de todas as circunstâncias antes de emitir opinião sobre qualquer coisa.

d) Valer-se de agenciador de serviços mediante a participação dele nos honorários a receber.

Resolução

É um dever do contador inteirar-se de todas as circunstâncias antes de emitir opinião sobre qualquer coisa. As alternativas "a", "b" e "d" referem-se ao que é vedado ao profissional contábil na execução de seu trabalho.

Resposta: "c"

20. (Técnico – 2°/2004) Constitui condição de legitimidade do exercício eventual ou temporário da profissão em jurisdição diferente daquela de origem do Contabilista:

a) Solicitação ao Conselho Regional de Contabilidade de autorização para se apresentar no novo local dos trabalhos.
b) Requisição de registro secundário dirigido ao Conselho Regional de Contabilidade de origem do Contabilista.
c) Comunicação ao Conselho Federal de Contabilidade sobre a mudança.
d) Aprovação em Exame de Suficiência para habilitar-se ao exercício da profissão em outra jurisdição.

Resolução

De acordo com o disposto no artigo 2º, da Resolução 1.097/2007 o registro deverá ser obtido no CRC, com jurisdição no local onde o contabilista tenha seu domicílio profissional, ou seja, onde exerce ou de onde dirige a totalidade ou a parte principal de suas atividades profissionais, seja como autônomo, empregado, sócio de organização contábil ou como servidor público. Conforme disposto no § 3º, Registro Secundário é o concedido pelo CRC de jurisdição diversa daquela onde o contabilista possua seu registro profissional para que possa exercer suas atividades na sua jurisdição, sem alteração do seu domicílio profissional.

Resposta: “b”

21. (Técnico – 2°/2004) É atribuição do Conselho Federal de Contabilidade, EXCETO:

a) Disciplinar e acompanhar a fiscalização do exercício da profissão em todo o território nacional.
b) Dispor sobre a identificação dos registrados nos Conselhos de Contabilidade.
c) Estabelecer Normas Brasileiras de Contabilidade mediante resoluções.

d) Processar, conceder, organizar, montar, baixar, revogar e cancelar os registros de Contador, de Técnico em Contabilidade e de organização contábil.

Resolução

De acordo com o Decreto-Lei nº 9.295 de 27 de maio de 1946, que criou o Conselho Federal de Contabilidade, bem como os Conselhos Regionais, as funções de processar, conceder, organizar, montar, baixar, revogar e cancelar os registros de contador, de técnico em contabilidade e de organização contábil cabem aos Conselhos Regionais de Contabilidade e não ao Conselho Federal de Contabilidade.

Resposta: "d"

22. (Técnico – 2°/2004) **No desempenho de suas funções, é vedado ao Contabilista:**

a) Exercer a profissão, quando impedido, ou facilitar, por qualquer meio, o seu exercício aos não-habilitados ou impedidos.
b) Inteirar-se de todas as circunstâncias antes de emitir opinião sobre qualquer caso.
c) Manifestar, a qualquer tempo, a existência de impedimento para o exercício da profissão.
d) Zelar pela sua competência exclusiva na orientação técnica dos serviços a seu cargo.

Resolução

As alternativas "b", "c" e "d" referem-se aos deveres do contador em relação à profissão. Logo, a alternativa correta é a "a".

Resposta: "a".

23. (Técnico – 1°/2000) **Constitui requisito legal para o exercício da profissão contábil:**

a) O registro profissional do Contabilista no CRC.

b) O adequado conhecimento da lei de oferta e procura do mercado de trabalho.
c) A formação acadêmica em instituição de ensino reconhecida pelo Ministério da Educação.
d) O estágio na área contábil em empresa comercial.

Resolução

De acordo com artigo 12 do Decreto-Lei nº 9.295 de 27 de maio de 1946, os profissionais, a que se refere esse Decreto-Lei, somente poderão exercer a profissão **depois** (requisito básico) de concluído o curso de bacharelado em ciências contábeis em instituição reconhecida pelo Ministério da Educação e registro no Conselho Regional de Contabilidade (requisito legal) a que estiverem submetidos. § 1º: o exercício da profissão, sem o registro a que alude este artigo, será considerado como infração do presente Decreto-Lei.

Resposta: "a"

24. **(Técnico – 1º/2000) Representa obrigação profissional do Contabilista:**

a) Recolher nos prazos estabelecidos a anuidade fixada pelo Sistema CFC/CRCs.
b) Executar os serviços profissionais a qualquer custo.
c) Assinar, para cumprir prazos, documentos ou peças contábeis, mesmo as elaboradas por outro contabilista, alheio a sua supervisão.
d) Reter livros, papéis e documentos confiados a sua guarda, em caso de inadimplência do cliente.

Resolução

A alternativa "b" apresenta impropriedade, pois afirma que o contabilista deverá executar serviços profissionais a qualquer custo, quando na verdade, ele deve comunicar qualquer fator que possa influir de forma negativa em seu trabalho.

Na alternativa "c" o erro está em afirmar que o contador poderá assinar peças contábeis elaboradas por outro contabilista, sendo esse procedimento vedado ao profissional contábil consoante o artigo 3º, inciso IV, do CEPC. O mesmo artigo, inciso XII, também veda a retenção de livros, papéis e documentos confiados ao profissional.

Resposta: "a"

25. (Técnico – 1º/2000) O Contabilista que orienta seus clientes a não ter escrita contábil estará infringindo o artigo abaixo assinalado do Código de Ética Profissional do Contabilista:

a) Art. 3º. – Inciso XIII "aconselhar o cliente ou o empregador contra disposições expressas em lei ou contra os Princípios Fundamentais e as Normas Brasileiras de Contabilidade editados pelo Conselho Federal de Contabilidade".
b) Art. 3º. – Inciso IX "solicitar ou receber do cliente ou empregador qualquer vantagem que saiba para aplicação ilícita".
c) Art. 3º. – Inciso XV "revelar negociação confidenciada pelo cliente ou empregador para acordo ou transação que, comprovadamente, tenha tido conhecimento".
d) Art. 3º. – Inciso XVI "emitir referência que identifique o cliente ou empregador, com quebra de sigilo profissional, em publicação em que haja menção a trabalho que tenha realizado ou orientado, salvo quando autorizado por eles".

Resolução

A alternativa "b" apresenta erro quando se refere à aplicação ilícita

Já as alternativas "c" e "d" são vedações a que o profissional de contabilidade está submetido no exercício da profissão.

Resposta: "a"

26. (Técnico – 1º/2000) O objetivo do Código de Ética Profissional do Contabilista é:

a) Atender aos anseios dos empresários e dos contribuintes.

b) Contribuir para o crescimento dos contabilistas no Mercosul.
c) Fixar a forma pela qual se devem conduzir os contabilistas, quando no exercício profissional.
d) Analisar os aspectos jurídicos da função contábil brasileira.

Resolução

De acordo com o capítulo I, o objetivo do CEPC, constituído como código de conduta da profissão, é exatamente o de fixar a forma pela qual se devem conduzir os profissionais da contabilidade, quando no exercício profissional e nos assuntos relacionados à profissão e à classe.

Resposta: "c"

27. (Técnico – 2°/2000) Em relação à classe, o Contabilista NÃO deve:

a) Prestar seu concurso moral, intelectual e material, salvo circunstâncias especiais que justifiquem a sua recusa.
b) Zelar pelo prestígio da classe, pela dignidade profissional e pelo aperfeiçoamento de suas instituições.
c) Aceitar o desempenho de cargo de dirigente nas entidades de classe, admitindo-se a justa recusa.
d) Utilizar-se de posição ocupada na direção de entidades de classe em benefício próprio ou para proveito pessoal.

Resolução

De acordo com o artigo 10, inciso VIII, do CEPC, o contador jamais poderá utilizar-se de posição ocupada na direção de entidades de classe em benefício próprio ou para proveito pessoal. Logo, o profissional contabilista não deve fazer o que consta na alternativa "d".

Resposta: "d"

28. (Técnico – 1°/2000) Não se constitui um dever do Contabilista:

a) Permanecer nas funções que exerce, logo que se positive falta de confiança por parte do cliente ou empregador, a quem deverá notificar com trinta dias de antecedência, zelando, contudo, para que os interesses dos mesmos não sejam prejudicados, evitando declarações públicas sobre os motivos da renúncia.
b) Exercer a profissão com zelo, diligência e honestidade, observada a legislação vigente e resguardados os interesses de seus clientes e/ou empregadores, sem prejuízo da dignidade e independência profissionais.
c) Guardar sigilo sobre o que souber em razão do exercício profissional lícito, inclusive no âmbito do serviço público, ressalvados os casos previstos em lei ou quando solicitado por autoridades competentes, entre estas os Conselhos Regionais de Contabilidade.
d) Zelar pela sua competência exclusiva na orientação técnica dos serviços a seu cargo.

Resolução

A assertiva "a" apresenta erro quando afirma que o contador deve permanecer em suas funções quando existir falta de confiança do cliente ou empregador. Como a questão pede o que *não* constitui dever do contabilista, essa é a alternativa que deve ser assinalada.

Resposta: "a"

29. **(Técnico – 2°/2000) O Contabilista poderá:**

a) Valer-se de agenciador de serviços, mediante participação desse nos honorários a receber.
b) Revelar negociação confidenciada pelo cliente ou empregador para acordo ou transação que, comprovadamente, tenha tido conhecimento.
c) Renunciar à liberdade profissional, devendo evitar quaisquer restrições ou imposições que possam prejudicar a eficácia e correção de seu trabalho.

d) Publicar relatório, parecer ou trabalho técnico-profissional, assinado e sob sua responsabilidade.

Resolução

Conforme o artigo 3º, inciso VII, do CEPC, é vedado ao contador valer-se de agenciador, logo a alternativa "a" está incorreta.

O mesmo artigo, inciso XV, do CEPC, proíbe o contador de revelar qualquer negociação, o que torna a alternativa "b" inválida.

No caso da proposição "c" o contador *deverá* (art. 3º, inciso XXI) e não *poderá,* como diz o enunciado, renunciar à liberdade profissional.

Resposta: "d"

30. (Técnico – 2º/2000) A ética profissional do Contabilista se refere a:

a) Um conjunto de regras de conduta profissional.
b) Investigação geral sobre o que é bom para o aviltamento de honorários.
c) Maneira pela qual os contabilistas devem viver.
d) Realização pessoal dos contabilistas.

Resolução

Pode-se afirmar que as regras inerentes à profissão contábil, dispostas de acordo com o CEPC, expressam um conjunto de regras que regulamentam o exercício da profissão e podem impor e inibir certas práticas, além de aplicar sanções e penalidades aos indivíduos que se comportem em desacordo com seus preceitos.

Resposta: "a"

31. (Técnico – 2º/2000) Na aplicação das sanções éticas, são consideradas como atenuantes, EXCETO:

a) Falta cometida em defesa de prerrogativa profissional.

b) Estar quite com as anuidades no Conselho Regional de Contabilidade.
c) Ausência de punição ética anterior.
d) Prestação de relevantes serviços à contabilidade.

Resolução

De acordo com o artigo 12, § 1º, do CEPC, a única alternativa que não possui relação com os atenuantes, no caso das sanções éticas, é a alternativa "b", pois estar quite com as anuidades no Conselho não pode ser considerado um atenuante, e sim obrigação do contador.

Resposta: "b"

32. **(Técnico – 2º/2000) O proprietário de uma organização contábil que contrata um leigo para trabalhos de contabilidade, em relação ao Código de Ética Profissional do Contabilista:**

a) Infringe o Código, já que o leigo não está habilitado ao exercício profissional.
b) Não infringe o Código, desde que a responsabilidade pelos trabalhos efetuados seja, exclusivamente, do contabilista.
c) Infringe o Código, porque os compromissos assumidos com o cliente não são passíveis de serem executados por terceiros.
d) Não infringe o Código, por ser item não regulamentado.

Resolução

Segundo o artigo 3º, inciso V, é vedado ao contador exercer a profissão, quando impedido, ou facilitar, por qualquer meio, o seu exercício aos não habilitados ou impedidos.

Resposta: "a"

33. **(Técnico – 2º/2000) No desempenho de suas funções, é vedado ao Contabilista, EXCETO:**

a) Assumir, direta ou indiretamente, serviços de qualquer natureza, com prejuízo moral ou desprestígio para a classe.

b) Manifestar, a qualquer tempo, a existência de impedimento para o exercício da profissão.
c) Assinar documentos ou peças contábeis elaborados por outrem, alheio à sua orientação, supervisão e fiscalização.
d) Aconselhar o cliente ou o empregador contra disposições expressas em lei ou contra os Princípios Fundamentais de Contabilidade.

Resolução

As alternativas "a", "c" e "d" estão corretas, já que o enunciado da questão pede para identificarmos o que não é vedado, proibido ao contabilista no exercício de suas funções, e, manifestar, a qualquer tempo, a existência de impedimento para o exercício da profissão, é obrigação do profissional e não vedação. Então, a alternativa a ser assinalada é a "b".

Resposta: "b"

34. **(Contador – 2°/2000) É CORRETO afirmar que:**

a) A matriz de toda organização contábil deve, obrigatoriamente, ser presidida por Contador habilitado e registrado na forma da lei.
b) Nas organizações contábeis, os responsáveis técnicos devem ser profissionais habilitados e registrados na forma da lei.
c) Todas as filiais de organizações contábeis devem, obrigatoriamente, ser presididas por Contadores habilitados e registrados na forma da lei
d) Todas as organizações, de qualquer natureza, que empreguem contabilistas são, obrigatoriamente, inscritas como pessoa jurídica no Conselho Regional de Contabilidade e recolhem anuidade.

Resolução

Segundo o artigo 15, do Decreto-Lei n° 9.295 de 27 de maio de 1946, os, indivíduos, firmas, sociedades, associações, companhias, empresas, em geral,e suas filiais que exerçam ou explorem, sob qualquer forma, serviços técnicos contábeis ou, a seu cargo, tiverem alguma seção que a tal se destine, somente poderão executar os respectivos serviços, depois de provarem, perante os Conselhos de Contabilidade, que os encarregados da parte técnica são exclusivamente profissionais habilitados e registrados na forma da lei.

Resposta: "b"

35. (Contador – 2°/2000) O profissional responsável pela perícia contábil deve, obrigatoriamente, ser:

a) Técnico em Contabilidade registrado no Conselho Regional de Contabilidade.
b) Contador registrado no Conselho Regional de Contabilidade.
c) Contador com pós-graduação.
d) Técnico em Contabilidade indicado pelas partes.

Resolução

O exercício da função pericial contábil é uma atribuição exclusiva do bacharel em Ciências Contábeis, desde o Decreto-Lei nº 9.295 de maio de 1946, que organizou a profissão contábil e definiu atribuições em relação à competência legal quanto ao desenvolvimento de perícias contábeis.

Na alínea "c", do artigo 25, do mencionado decreto, foram definidos como trabalhos contábeis: perícias judiciais ou extrajudiciais, revisão de balanços e de contas em geral, verificação de haveres, revisão permanente ou periódica de escritas, regulações judiciais ou extrajudiciais de avarias grossas ou comuns, assistência aos Conselhos Fiscais das sociedades anônimas e quaisquer outras atribuições de natureza técnica conferidas por lei aos profissionais de contabilidade. Segundo o artigo 26, salvo direitos adquiridos *ex-vi* do disposto no artigo 2º do Decreto-Lei nº 21.033, de 8 de fevereiro de 1932, as atribuições definidas na alínea "c" do artigo anterior são exclusivas dos contadores diplomados. Logo, o profissional responsável pela perícia contábil deve ser obrigatoriamente, contador com registro no CRC.

Resposta: "b"

36. (Contador – 2°/2000) Entre as opções de penalidades por transgressão à ética profissional, assinale a alternativa CORRETA prevista no Código de Ética Profissional do Contabilista.

a) Advertência Pública.
b) Advertência Reservada.
c) Censura Advertida.
d) Advertência Censurada.

Resolução

Ao contador não cabe advertência pública e sim censura pública, o que invalida a alternativa "a".

Tanto a alternativa "c" quanto a "d" não existem no CEPC. Portanto, a que está coerente com o artigo 12 do CEPC, é a "b".

Resposta: "b"

37. (Contador – 2°/2002) O princípio ético genérico aplicável às relações pós-vendas é o de que estas devam ter a mesma atenção do fornecedor, mantidas as relações da pré-vendas. Este princípio genérico leva aos seguintes princípios éticos específicos, EXCETO:

a) Analisar, continuamente, unilateralmente e em conjunto com o cliente, se todas as promessas feitas foram adequadamente atendidas dentro do prazo.
b) Cumprir, fielmente, tudo o que tiver sido prometido ao cliente, ético, legal e moral, sempre que tal promessa tenha sido feita por escrito e registrado em cartório.
c) Estabelecer um sistema de mensuração do desempenho do produto ou do equipamento fornecido em face da expectativa do cliente.
d) Manter um canal de comunicação eficiente com o cliente pelo qual possa obter dele todos os dados relevantes para uma avaliação do fornecimento.

Resolução

Apesar da questão não estar relacionada ao CEPC, ela levanta questões relativas à ética profissional que devem estar presentes em qualquer profissão, e cumprir o que foi prometido ao cliente apenas se a promessa tiver sido feita por escrito e registrada em cartório não é uma atitude ética. Agir de acordo com os preceitos morais e éticos significa cumprir a palavra dada, independentemente de ter sido registrada ou não.

Resposta: "b"

38. **(Contador – 1º/2003) O espírito construtivo de um vendedor em relação à concorrência não promove a venda do produto concorrente, mas demonstra uma postura elegante e madura de quem busca satisfazer a necessidade real do comprador, grande objetivo da função de vendas. Contudo, a atitude presunçosa do vendedor, insinuando monopólio de poder, é hoje fortemente questionada por uma sociedade mais predisposta:**

a) A gastar menos.
b) À conduta ética.
c) A gastar mais.
d) À conduta neoliberalista.

Resolução

Apesar dessa questão não estar relacionada ao CEPC, ela levanta um problema relativo à ética.Um profissional que não respeita a concorrência infringe todas as normas morais e éticas necessárias para uma boa convivência em sociedade.

Resposta: "b"

39. **(Técnico – 1º/2003) A discussão sobre o uso do correio eletrônico é comum nos veículos de comunicação de massa. Do ponto de vista da ética, algumas questões vêm sendo, há tempos, debatidas na busca de formulação de um critério geral. As recomendações**

abaixo, coletadas entre profissionais de várias empresas, são válidas para aplicação no dia a dia dos usuários, EXCETO:

a) Seja conciso e só envie mensagens que tenham utilidade. Não faça o colega perder tempo com bobagens.
b) Nunca espalhe piadas, correntes ou boatos. Além de entulhar lixo na caixa postal alheia, você pode congestionar o sistema.
c) Só use o comando responder a todos quando sua réplica for realmente de interesse geral.
d) Mensagens com conteúdo racista devem ser consideradas de uso particular. Envie apenas para pessoas muito íntimas dentro da organização.

Resolução

Essa questão também não está relacionada ao CEPC, mas aborda problemas relativos à ética profissional ou empresarial, além disso, diz respeito a uma ética generalista e questões relativas à moral.

Resposta: "d"

40. (Técnico – 1°/2001) O Código de Ética Profissional do Contabilista, tem por objetivo fixar:

a) As normas e os princípios de contabilidade que orientem o exercício profissional.
b) As prescrições de ordem constitucional necessárias ao exercício da profissão.
c) A forma pela qual se devem conduzir os Contabilistas, quando do exercício profissional.
d) A tabela de honorários do Contabilista autônomo.

Resolução

De acordo com o capítulo I, o objetivo do CEPC, constituído como código de conduta da profissão, é exatamente fixar a forma pela qual se devem conduzir os profissionais da contabilidade, quando no exercício profissional e nos assuntos relacionados à profissão e à classe.

Resposta: "c"

41. (Contador – 1°/2001) Determinado cliente decidiu substituir o Contabilista responsável pela escrita contábil da empresa. Uma vez ocorrida a mudança, é correto afirmarmos que o substituído:

a) Deverá informar ao substituto somente os dados cadastrais necessários ao bom desempenho de suas novas atribuições.
b) Poderá, a seu critério, informar ao substituto as informações necessárias ao bom desempenho de suas novas atribuições.
c) Deverá informar ao substituto os fatos que devem ser de seu conhecimento para o bom exercício de suas funções.
d) Deixará de ser responsável a partir do momento em que são encaminhados ao cliente o último balancete mensal, os documentos e os livros sob sua guarda.

Resolução

De acordo com o artigo 2º, inciso VII, do CEPC, é obrigação do contador informar ao seu substituto fatos que devem ser de seu conhecimento para o bom exercício da função.

Resposta: "c"

42. (Técnico – 1°/2001) Ao profissional de contabilidade é vedado praticar os seguintes atos, EXCETO:

a) Transferir, parcialmente, a execução dos serviços a seu cargo a outro Contabilista, mantendo sempre como sua a responsabilidade técnica.
b) Valer-se de agenciador de serviços mediante participação deste nos honorários a receber.
c) Auferir qualquer provento em função do exercício profissional que não decorra, exclusivamente, de sua prática lícita.

d) Exercer a profissão, quando impedido, ou facilitar, por qualquer meio, o seu exercício aos não habilitados ou impedidos.

Resolução

De acordo com o artigo 7º, do CEPC, o profissional da contabilidade poderá transferir o contrato de serviços a seu cargo a outro profissional, com a anuência do cliente, sempre por escrito, de acordo com as normas expedidas pelo Conselho Federal de Contabilidade. Vejamos o parágrafo único, do mesmo artigo: o profissional da contabilidade poderá transferir parcialmente a execução dos serviços a seu cargo a outro profissional, mantendo sempre como sua a responsabilidade técnica.

Resposta: "a"

43. (Técnico – 1º/2001) O Contabilista deve fixar, previamente, o valor dos serviços, de preferência por contrato escrito, considerados os seguintes elementos, EXCETO:

a) A relevância, o vulto, a complexidade e a dificuldade do serviço a executar.
b) Respeitar as tabelas de honorários profissionais editadas pelo Conselho Federal de Contabilidade.
c) O resultado lícito favorável que, para o contratante, advirá com o serviço prestado.
d) O tempo que será consumido para a realização do trabalho.

Resolução

A alternativa "b" não está de acordo com o artigo 6º do CEPC, que dispõe sobre o valor dos serviços profissionais do contador e servem de guia para o profissional fixar o valor de seus serviços que deverão ser complementados por outras informações no cálculo dos honorários.

Resposta: "b"

44. (Técnico – 1º/2001) Na aplicação das sanções éticas, NÃO é considerada como atenuante:

a) Falta cometida em defesa de prerrogativa profissional.
b) Ausência de punição ética anterior.
c) Prestação de relevantes serviços à Contabilidade.
d) Regularidade no pagamento de suas anuidades.

Resolução

De acordo com o artigo 12, § 1º, a única alternativa que não possui relação com os atenuantes, no caso das sanções éticas, é a alternativa "d", pois estar em regularidade no pagamento de suas anuidades não pode ser considerado um atenuante, e sim obrigação do contador.

Resposta: "d"

45. (Contador – 1º/2002) O objetivo do Código de Ética Profissional do Contabilista é:

a) Proporcionar ao profissional da contabilidade os procedimentos no exercício dos registros contábeis.
b) Fixar a forma pela qual se devem conduzir os contabilistas, quando no exercício profissional.
c) Fixar diretrizes de bom relacionamento do contabilista com seus clientes.
d) Fixar padrões morais no sentido estrito da palavra, com relação, exclusivamente, à relação dos contabilistas com sua classe.

Resolução

De acordo com o capítulo I, o objetivo do CEPC, constituído como código de conduta da profissão, é exatamente fixar a forma pela qual se devem conduzir os profissionais da contabilidade, quando no exercício profissional e nos assuntos relacionados à profissão e à classe.

Resposta: "b".

46. (Técnico – 1º/2002) A fiscalização do exercício da profissão do Contabilista será exercida pelos:

a) Conselho Federal de Contabilidade e Sindicato dos Contabilistas.

b) Conselhos Regionais de Contabilidade e Sindicato dos Contabilistas.
c) Conselhos Regionais de Contabilidade e Associação dos Contabilistas.
d) Conselho Federal de Contabilidade e Conselhos Regionais de Contabilidade.

Resolução

De acordo com o Decreto-Lei nº 9.295, de 27 de maio de 1946; artigo 2º, a fiscalização do exercício da profissão contábil, assim entendendo-se os profissionais habilitados como contadores e técnicos em contabilidade, será exercida pelo Conselho Federal de Contabilidade e pelos Conselhos Regionais de Contabilidade.

Resposta: "d"

47. (Técnico – 1º/2002) Na composição do Conselho Federal de Contabilidade e do Conselho Regional de Contabilidade, será observada a proporção de:

a) 2/3 de Contadores e de 1/3 de Técnicos em Contabilidade.
b) 1/3 de Contadores e de 2/3 de Técnicos em Contabilidade.
c) 1/2 de Contadores e 1/2 de Técnicos em Contabilidade.
d) Não é fixado, dependendo da eleição.

Resolução

Segundo a Resolução CFC n.º 854/99, deverá ser observada a proporção de 2/3 de contadores e de 1/3 de técnicos em contabilidade.

Resposta: "a"

48. (Técnico – 1º/2002) Para ser eleito membro dos Conselhos de Contabilidade, o profissional deve, entre outros, atender ao seguinte requisito:

a) Estar inscrito no programa de educação continuada.
b) Estar ligado legalmente ao Sindicato dos Contabilistas.

c) Estar inscrito no Conselho Regional de Contabilidade independentemente de tempo.
d) Estar no exercício efetivo da profissão há mais de três anos.

Resolução

Conforme o disposto na Resolução do CFC 960/03, artigo 15, não pode ser eleito membro do CFC ou de CRC, mesmo na condição de suplente, o profissional que, de acordo com o inciso III, não estiver, desde 3 (três) anos antes da data da eleição, no exercício efetivo da profissão.

Resposta: "d"

49. **(Técnico – 1°/2002) São deveres do Contabilista:**

a) Abster-se de pronunciar sobre a impossibilidade do exercício da profissão.
b) Deixar de se declarar, em 3 (três) meses, da existência de impedimento para o exercício da profissão.
c) Manifestar, a qualquer tempo, a existência de impedimento para o exercício da profissão.
d) Manifestar, em 120 (cento e vinte dias), a existência de impedimento para o exercício da profissão ao cliente.

Resolução

A alternativa "a" apresenta o fato de que o contador não precisa se pronunciar sobre a impossibilidade do exercício da profissão.

Já as alternativas "b" e "d" apresentam períodos de tempo que não existem, pois o contador deve se manifestar a qualquer momento.

Resposta: "c"

50. **(Contador – 2°/2002) A transgressão dos preceitos descritos no Código de Ética Profissional do Contabilista constitui:**

a) Infração ética disciplinar, sancionada, segundo a gravidade, com a aplicação de penalidades que podem ser a censura ou a censura pública.

b) Infração ética, sancionada, segundo a gravidade, com a aplicação das seguintes penalidades: advertência reservada, censura reservada ou censura pública.
c) Infração disciplinar, sancionada, segundo a gravidade, com a aplicação de valores distintos de multa pecuniária.
d) Infração ética, sancionada, segundo a gravidade, com a aplicação de penalidades que vão desde o pagamento de multa pecuniária até a suspensão do registro profissional.

Resolução

De acordo com o artigo 12 do CEPC, a transgressão de preceitos desse Código constitui infração ética, sancionada, segundo a gravidade, com a aplicação de uma das seguintes penalidades: I – advertência reservada; II – censura reservada; III – censura pública.

Resposta: "b"

51. (Contador – 2°/2002) Com relação às transações comerciais com fornecedores e clientes, no que se refere ao Código de Ética Profissional do Contabilista:

a) A participação pessoal, ou de família, em empresas que mantenham relações comerciais não é impedimento desde que não tenha conflito de interesse devido a seus investimentos representarem mais de 3% de ações.
b) As informações obtidas em função de seu cargo, mesmo que confidenciais, poderão ser liberadas para outro cliente, independentemente de autorização.
c) Nas compras em geral e nas vendas de seus produtos ou serviços, não é permitido ao empregado, ou familiares, receber favores ou propinas superiores a um salário mínimo.
d) Os empregados não podem aceitar presentes monetários em quaisquer circunstâncias, nem pleitear algum tipo de benefício ou favor pessoal.

Resolução

O problema a que se refere a questão não está descrito claramente no CEPC, mas, como regra geral, os empregados não poderão aceitar presentes monetários em quaisquer circunstâncias, nem pleitear algum tipo de benefício ou favor pessoal de fornecedores ou clientes. Tais conceitos geralmente aparecem em Códigos de Ética Empresariais e permeiam todas as profissões de forma genérica.

Resposta: "d"

52. (Técnico – 2°/2002) O Código de Ética Profissional do Contabilista tem por objetivo:

a) Fixar, previamente, o valor dos serviços do contabilista quando no exercício profissional.
b) Normatizar a profissão contábil e determinar penalidades.
c) Fixar a forma pela qual se devem conduzir os contabilistas quando no exercício profissional.
d) Normatizar o requerimento de desagravo público do contabilista quando no exercício profissional.

Resolução

De acordo com o capítulo I, o objetivo do CEPC, constituído como código de conduta da profissão, é exatamente fixar a forma pela qual se devem conduzir os profissionais da contabilidade, quando no exercício profissional e nos assuntos relacionados à profissão e à classe.

Resposta: "c".

53. (Contador – 1°/2011) Conforme a legislação vigente que regula o exercício profissional, o contabilista poderá ser penalizado por infração legal ao exercício da profissão. Assinale a opção que NÃO corresponde à penalidade ético-disciplinar aplicável.

a) Advertência pública.
b) Advertência reservada.

c) Cassação do exercício profissional.
d) Suspensão temporária do exercício da profissão.

Resolução

Segundo o artigo 12 do CEPC, a transgressão de preceito deste Código constitui infração ética, sancionada, segundo a gravidade, com a aplicação de uma das seguintes penalidades: I – advertência reservada; II – censura reservada; III – censura pública. De acordo com Alves (2005), tal artigo estabelece que as punições devem ser aplicadas de acordo com sua gravidade, porém não há referência ao que seja gravidade da infração e nem consta definição objetiva dos níveis de gravidade. Assim, o julgamento da gravidade dependerá da consciência de quem irá tomá-la ou julgá-la.

Resposta: "a"

54. **(Contador – 1°/2011) Um contabilista, em razão do enquadramento de empresa cliente em regime de tributação simplificado, resolve elaborar a escrituração contábil em regime de caixa. A atitude do contabilista:**

a) Está em desacordo com os Princípios de Contabilidade e consiste em Infração ao disposto no Código de ética Profissional do Contabilista, qualquer que seja o porte da empresa.
b) Está em desacordo com os Princípios de Contabilidade, mas não consiste em Infração ao disposto no Código de Ética Profissional do Contabilista, qualquer que seja o porte da empresa.
c) Não consiste em infração ao disposto no Código de ética Profissional do Contabilista e está em conformidade com os Princípios de Contabilidade, caso a empresa em questão seja uma microempresa.
d) Não consiste em infração ao disposto no Código de Ética Profissional do Contabilista, mas está em desacordo com os Princípios de Contabilidade, caso a empresa em questão seja uma microempresa.

Resolução

De acordo com o CEPC e conforme disposto no artigo 2º, inciso I, são deveres do profissional da contabilidade: exercer a profissão com zelo, diligência, honestidade e capacidade técnica, observada toda a legislação vigente, em especial os princípios de contabilidade e as normas brasileiras de contabilidade, e resguardados os interesses de seus clientes e/ou empregadores, sem prejuízo da dignidade e independência profissionais. Além disso, conforme o artigo 3º, inciso XIII, do CEPC, no desempenho de suas funções, é vedado ao profissional da contabilidade: aconselhar o cliente ou o empregador contra disposições expressas em lei ou contra os princípios de contabilidade e as normas brasileiras de contabilidade editadas pelo Conselho Federal de Contabilidade.

Resposta: "a"

55. (Contador – 1º/2011) Com relação ao comportamento dos profissionais da Contabilidade, analise as situações hipotéticas apresentadas nos Itens abaixo e, em seguida, assinale a opção CORRETA.

I – Um contabilista iniciante contratou um agenciador de serviços para atuar na captação de clientes. Para cada cliente captado, o agenciador irá receber 1 % dos honorários acertados.

II – Em razão de sua aposentadoria, o contabilista transferiu seus contratos de serviço para seu genro, também contabilista. Os clientes foram contatados um a um por telefone, e se manifestaram de acordo com a mudança.

III – Um perito-contador, Indicado pelo juiz para atuar em uma questão relativa a uma dissolução de sociedade, recusou-se a assumir o trabalho por não se achar capacitado.

IV – De acordo com as três situações acima descritas, o comportamento. do profissional da Contabilidade está em DESACORDO com os deveres descritos no Código de Ética Profissional do Contabilista nos itens:

a) I, II e III
b) I e II, apenas

c) I, apenas
d) II e III apenas.

Resolução

Conforme o disposto no artigo 3º, inciso VII, do CEPC, no desempenho de suas funções, é vedado ao profissional da contabilidade valer-se de agenciador de serviços, mediante participação deste nos honorários a receber. Já de acordo artigo 7º, do CEPC, o profissional da contabilidade poderá transferir o contrato de serviços a seu cargo a outro profissional, com a anuência do cliente, sempre por escrito, de acordo com as normas expedidas pelo Conselho Federal de Contabilidade Por fim, o artigo artigo 5º, do mesmo Código, dispõe que, o Contador, quando perito, assistente técnico, auditor ou árbitro, deverá, recusar sua indicação quando reconheça não se achar capacitado em face da especialização requerida.

Resposta: "b"

Gabarito

1 A	2 A	3 B	4 D	5 A	6 A	7 B
8 B	9 D	10 A	11 D	12 A	13 B	14 C
15 B	16 B	17 B	18 A	19 C	20 B	21 D
22 A	23 A	24 A	25 A	26 C	27 D	28 A
29 D	30 A	31 B	32 A	33 B	34 B	35 B
36 B	37 B	38 B	39 D	40 C	41 C	42 A
43 B	44 D	45 B	46 D	47 A	48 D	49 C
50 B	51 D	52 C	53 A	54 A	55 B	

Referências

ABDOLMOHAMMADI, Mohammad J.; READ, William J.; SCARBROUGH, D. Paul. Does selection-socialization help to explain accountants 'weak ethical reasoning? *Journal of Business Ethics*, v. 42, p. 71-81, 2003.

ALVES, Francisco José dos Santos. *Adesão do Contabilista ao código de ética da sua profissão: um estudo empírico sobre suas percepções*. 273 f. Tese (Doutorado em Contabilidade) – Programa de Pós-Graduação em Contabilidade e Atuária da Faculdade de Economia, Administração e Contabilidade da Universidade de São Paulo. São Paulo, 2005.

ALVES, F. J. dos Santos *et al*. Um estudo empírico sobre a importância do código de ética profissional para o contabilista. *Revista de Contabilidade e Finanças*, FEA/USP, v. 18, n. spe, 2007.

ARANHA, Maria Lúcia de Arruda; MARTINS, Maria Helena Pires. *Filosofando, Introdução à Filosofia*. 2. ed. São Paulo: Moderna, 2003.

ARISTÓTELES. *Ética a Nicômaco*. Coleção os pensadores. São Paulo: Abril Cultural, 1973.

BIAGGIO, Ângela Maria Brasil. Kohlberg e a "Comunidade Justa": promovendo o senso ético e a cidadania na escola. *Psicologia, Reflexão e Crítica*. v. 10, n. 1, Porto Alegre, 1997.

________________. Universalismo *versus* Relativismo no Julgamento Moral. *Psicologia, Reflexão e Crítica*. v. 12, n. 1, Porto Alegre, 1999.

BORGES, Erivan; MEDEIROS, Carlos. Comprometimento e Ética Profissional: Um Estudo De Suas Relações Juntos Aos Contabilistas. *Revista de Contabilidade e Finanças*, FEA/USP, n. 44, p. 60-71, mai./ago., 2007.

CHAUÍ, Marilena. *Convite à Filosofia*. São Paulo: Ática, 2000.

CONSELHO FEDERAL DE CONTABILIDADE – CFC – *Dispõe sobre os Princípios Fundamentais de Contabilidade* (PFC). Brasília, 2003.

______________. *Abordagens éticas para o profissional contábil*. Brasilía, 2003.

______________. *Legislação da Profissão contábil*. Brasília, 2009.

DELLAPORTAS, Steven. Measuring moral judgement using accounting and social dilemmas. In: *Fourth Asia-Pacific Interdisciplinary Research in Accounting Conference*. Singapore, 2004.

DUIZEND, Johnny; McCANN, Greg K. Do collegiate business students show a propensity to engage an illegal business practices? *Journal of Business Ethics*, v. 17, p. 229-238, 1998.

EMERSON, Tisha, STANLEY, Charles W.; L. N.; CONROY, Stephen J. Ethical attitudes of accountants: recent evidence from a practitioners' survey. *Journal of Business Ethics*, v. 71, p. 73-87, 2007.

FREZZATI, Fábio; MARTINS, Gilberto de Andrade; LEITE FILHO, Geraldo Alemandro. Os perfis das atitudes e aspirações dos estudantes de contabilidade e seu desempenho em uma matéria: um estudo de investigação. *Brazilian Business Review*, v. 3, n 1, p. 46-57, jan./jun. 2006.

GILLES, Pierre Weil. *A nova Ética*. 2. ed. Rio de Janeiro: Rosa dos Tempos, 1994.

HEEMANN. Ademar. *Natureza e Ética*. 2. ed. Curitiba: UFPR, 1998.

INSTITUTO NACIONAL DE ESTUDOS E PESQUISAS EDUCACIONAIS ANÍSIO TEIXEIRA – INEP. *Censo Educação Superior*. Disponível em <http://www.inep.gov.br/superior/censosuperior/evolucao/evolucao.htm>. Consultado em: 06 abr. 2011.

INTERNATIONAL FEDERATION OS ACCOUNTANTS – IFAC. *Code of ethics for professional accountants*. Disponível em: <http://www.ifac.org/ethics/Pronouncements.php.>. Acessado em 06 abr. 2011.

LAN, George; MA, Zhenzhong; CAO, JianAn; ZHANG, He. A comparison of personal values of Chinese accounting practitioners and students. *Journal of Business Ethics*, v. 88, p. 59-76, Spring, 2009.

LIMA; Vanessa Aparecida Alves de. Piaget a Gilligan: retrospectiva do desenvolvimento moral em psicologia um caminho para o estudo das virtudes *Psicologia, Ciência.e Profissão*, v. 24, 3. ed., p. 12- 23, setembro de 2004.

LISBOA, Plácido Lázaro. *Ética Geral e Profissional em Contabilidade*. 2. ed. São Paulo: Saraiva, 2010.

MARION, José C. O Contabilista, a Ética Profissional e a Bíblia. *Revista Brasileira de Contabilidade*. n. 58, 1986.

MARCONDES, Danilo. *Iniciação à história da filosofia: dos pré-socráticos a Wittgenstein*. 8. ed., Rio de Janeiro: Jorge Zahar, 2004.

MATOS, Francisco Gomes de. *Ética na gestão empresarial*. São Paulo: Saraiva, 2008.

MINISTÉRIO DA EDUCAÇÃO E CONSELHO NACIONAL DA EDUCAÇÃO (MEC-CNE). *Cadastro das Instituições de Ensino Superior*. Disponível em: <http://portal.mec.gov.br/index.php?option=com_content&view=article&id=12467&Itemid=762>. Consultado em 06 abr. 2011.

NALINI, José Renato. *Ética Geral e Profissional*. 5. ed. São Paulo: Editora dos Tribunais, 2006.

NIYAMA, Jorge Katsumi et al. Conhecimento da Contabilidade Gerencial nos cursos de graduação em ciências contábeis: Estudo da oferta nas instituições de ensino superior das capitais brasileiras. *Revista de Contabilidade e Organizações*, v. 2, n. 2, p.101-116, jan./abr. 2008.

O'FALLON Michael J.; BUTTERFIELD, Kenneth D.; A Review of The Empirical Ethical Decision-Making Literature: 1996-2003. *Journal of Business Ethics*, v. 59, p. 375-413, 2005.

PELEIAS, Ivam Ricardo; SILVA, Glauco Peres da; SEGRETI, João Bosco; CHIROTTO, Amanda Russo. *Evolução do Ensino da Contabilidade no Brasil: Uma análise História*. Revista de Contabilidade e Finanças, USP, São Paulo, Edição 30 Anos de Doutorado, p. 19-32, junho 2007.

PLATÃO. *Diálogos*. 5. ed. Coleção os Pensadores. São Paulo: Nova Cultural, 1991.

SÁ, Antonio Lopes de. *Ética Profissional*. 4. ed. São Paulo: Atlas, 2001.

SANTOS, Mário Ferreira dos. *Sociologia Fundamental e Ética Fundamental*. 2. ed. São Paulo: Logos, 1959.

SINDICATO DOS CONTABILISTAS DE CURITIBA – SICONTIBA. Planilha orientativa para cobrança de honorários sobre serviços de contabilidade, 2009. Disponível em: <http://www.sicontiba.com.br/honorarios/index.htm>. Acessado em 06 abr. 2011.

SÓCRATES. *Vida e Obra*. Coleção os Pensadores. Nova Cultural, 1987.

SROUR, Robert Henry. Ética empresarial sem moralismo. *Revista de Administração*, São Paulo, v. 29, n. 3, p. 3-22, jul./set., 1994.

______. *Ética Empresarial*. 2. ed. Rio de Janeiro: Campus, 2003.

UNIVERSIDADE FEDERAL DO PARANÁ. Sistema de Bibliotecas. *Normas para apresentação de documentos científicos*. v. 2., 2. ed. Curitiba: UFPR, 2007a.

______. Sistema de Bibliotecas. *Normas para apresentação de documentos científicos*. v. 3., 2. ed. Curitiba: UFPR, 2007b.

______. Sistema de Bibliotecas. *Normas para apresentação de documentos científicos*. v. 4., 2. ed. Curitiba: UFPR, 2007c.

______________. Sistema de Bibliotecas. *Normas para apresentação de documentos científicos*. v. 9. 2. ed. Curitiba: UFPR, 2007d.

VALLS, Alm. *O Que é a Ética*. São Paulo: Brasilense. 1998.

VÁSQUEZ, Adolfo Sanchez. *Ética*. 18. ed. Rio de Janeiro: Civilização Brasileira, 1998.

Anexos

A seguir uma compilação das principais regulamentações envolvendo a profissão contábil e sua normatização. Será apresentando o Decreto-Lei nº 9295/46 que trata da criação da profissão contábil e suas atribuições, além disso, a Resolução nº 803/96 que criou e aprovou o Código de Ética do Contador (CEPC) e suas posteriores modificações e adaptações, culminando com a Lei nº 12.249/10 que teve como principal impacto a exigência de aprovação em Exame de Suficiência e Registro no Conselho Regional de Contabilidade para que os profissionais possam exercer a profissão.

ANEXO 1 – RESOLUÇÃO CFC Nº 803/1996

RESOLUÇÃO CFC Nº 803/96

Aprova o Código de Ética Profissional do Contador – CEPC

O CONSELHO FEDERAL DE CONTABILIDADE, no exercício de suas atribuições legais e regimentais,

CONSIDERANDO que o Código de Ética Profissional do Profissional da Contabilidade, aprovado em 1970, representou o alcance de uma meta que se tornou marcante no campo do exercício profissional;

CONSIDERANDO que, decorridos 26 (vinte e seis) anos de vigência do Código de Ética Profissional do Profissional da Contabilidade, a intensificação do relacionamento do Profissional da Contabilidade com a sociedade e com o próprio grupo profissional exige uma atualização dos conceitos éticos na área da atividade contábil;

CONSIDERANDO que, nos últimos 5 (cinco) anos, o Conselho Federal de Contabilidade vem colhendo sugestões dos diversos segmentos da comunidade contábil a fim de aprimorar os princípios do Código de Ética Profissional do Profissional da Contabilidade – CEPC;

CONSIDERANDO que os integrantes da Câmara de Ética do Conselho Federal de Contabilidade, após um profundo estudo de todas as sugestões remetidas ao órgão federal, apresentou uma redação final,

RESOLVE:

Art. 1º. Fica aprovado o anexo Código de Ética Profissional do Contador.

Art. 2º. Fica revogada a Resolução CFC nº 290/70.

Art. 3º. A presente Resolução entra em vigor na data de sua aprovação.

Brasília, 10 de outubro de 1996.

Contador JOSÉ MARIA MARTINS MENDES

Presidente

CÓDIGO DE ÉTICA PROFISSIONAL DO CONTADOR

CAPÍTULO I - DO OBJETIVO

Art. 1º Este Código de Ética Profissional tem por objetivo fixar a forma pela qual se devem conduzir os Profissionais da Contabilidade, quando no exercício profissional e nos assuntos relacionados à profissão e à classe.

(Redação alterada pela Resolução CFC nº 1.307/10, de 09/12/2010)

CAPÍTULO II - DOS DEVERES E DAS PROIBIÇÕES

Art. 2º. São deveres do Profissional da Contabilidade:

(Redação alterada pela Resolução CFC nº 1.307/10, de 09/12/2010)

I – exercer a profissão com zelo, diligência, honestidade e capacidade técnica, observada toda a legislação vigente, em especial aos

Princípios de Contabilidade e as Normas Brasileiras de Contabilidade, e resguardados os interesses de seus clientes e/ou empregadores, sem prejuízo da dignidade e independência profissionais;
(Redação alterada pela Resolução CFC nº 1.307/10, de 09/12/2010)

II – guardar sigilo sobre o que souber em razão do exercício profissional lícito, inclusive no âmbito do serviço público, ressalvados os casos previstos em lei ou quando solicitado por autoridades competentes, entre estas os Conselhos Regionais de Contabilidade;

III – zelar pela sua competência exclusiva na orientação técnica dos serviços a seu cargo;

IV – comunicar, desde logo, ao cliente ou empregador, em documento reservado, eventual circunstância adversa que possa influir na decisão daquele que lhe formular consulta ou lhe confiar trabalho, estendendo-se a obrigação a sócios e executores;

V – inteirar-se de todas as circunstâncias, antes de emitir opinião sobre qualquer caso;

VI – renunciar às funções que exerce, logo que se positive falta de confiança por parte do cliente ou empregador, a quem deverá notificar com trinta dias de antecedência, zelando, contudo, para que os interesse dos mesmos não sejam prejudicados, evitando declarações públicas sobre os motivos da renúncia;

VII – se substituído em suas funções, informar ao substituto sobre fatos que devam chegar ao conhecimento desse, a fim de habilitá-lo para o bom desempenho das funções a serem exercidas;

VIII – manifestar, a qualquer tempo, a existência de impedimento para o exercício da profissão;

IX – ser solidário com os movimentos de defesa da dignidade profissional, seja propugnando por remuneração condigna, seja zelando por condições de trabalho compatíveis com o exercício ético-profissional da Contabilidade e seu aprimoramento técnico.

X – cumprir os Programas Obrigatórios de Educação Continuada estabelecidos pelo CFC;
(Criado pelo Art. 5º, da Resolução CFC nº 1.307/10, de 09/12/2010)

XI – comunicar, ao CRC, a mudança de seu domicílio ou endereço e da organização contábil de sua responsabilidade, bem como a ocorrência de outros fatos necessários ao controle e fiscalização profissional.

(Criado pelo Art. 6º, da Resolução CFC nº 1.307/10, de 09/12/2010)

XII – auxiliar a fiscalização do exercício profissional.

(Criado pelo Art. 7º, da Resolução CFC nº 1.307/10, de 09/12/2010)

Art. 3º. No desempenho de suas funções, é vedado ao Profissional da Contabilidade:

(Redação alterada pela Resolução CFC nº 1.307/10, de 09/12/2010)

I – anunciar, em qualquer modalidade ou veículo de comunicação, conteúdo que resulte na diminuição do colega, da Organização Contábil ou da classe, em detrimento aos demais, sendo sempre admitida a indicação de títulos, especializações, serviços oferecidos, trabalhos realizados e relação de clientes;

(Redação alterada pela Resolução CFC nº 1.307/10, de 09/12/2010)

II – assumir, direta ou indiretamente, serviços de qualquer natureza, com prejuízo moral ou desprestígio para a classe;

III – auferir qualquer provento em função do exercício profissional que não decorra exclusivamente de sua prática lícita;

IV – assinar documentos ou peças contábeis elaborados por outrem, alheio à sua orientação, supervisão e fiscalização;

V – exercer a profissão, quando impedido, ou facilitar, por qualquer meio, o seu exercício aos não habilitados ou impedidos;

VI – manter Organização Contábil sob forma não autorizada pela legislação pertinente;

VII – valer-se de agenciador de serviços, mediante participação desse nos honorários a receber;

VIII – concorrer para a realização de ato contrário à legislação ou destinado a fraudá-la ou praticar, no exercício da profissão, ato definido como crime ou contravenção;

IX – solicitar ou receber do cliente ou empregador qualquer vantagem que saiba para aplicação ilícita;

X – prejudicar, culposa ou dolosamente, interesse confiado a sua responsabilidade profissional;

XI – recusar-se a prestar contas de quantias que lhe forem, comprovadamente, confiadas;

XII – reter abusivamente livros, papéis ou documentos, comprovadamente confiados à sua guarda;

XIII – aconselhar o cliente ou o empregador contra disposições expressas em lei ou contra os Princípios de Contabilidade e as Normas Brasileiras de Contabilidade editadas pelo Conselho Federal de Contabilidade;

(Redação alterada pela Resolução CFC nº 1.307/10, de 09/12/2010)

XIV – exercer atividade ou ligar o seu nome a empreendimentos com finalidades ilícitas;

XV – revelar negociação confidenciada pelo cliente ou empregador para acordo ou transação que, comprovadamente, tenha tido conhecimento;

XVI – emitir referência que identifique o cliente ou empregador, com quebra de sigilo profissional, em publicação em que haja menção a trabalho que tenha realizado ou orientado, salvo quando autorizado por eles;

XVII – iludir ou tentar iludir a boa-fé de cliente, empregador ou de terceiros, alterando ou deturpando o exato teor de documentos, bem como fornecendo falsas informações ou elaborando peças contábeis inidôneas;

XVIII – não cumprir, no prazo estabelecido, determinação dos Conselhos Regionais de Contabilidade, depois de regularmente notificado;

XIX – intitular-se com categoria profissional que não possua, na profissão contábil;

XX – executar trabalhos técnicos contábeis sem observância dos Princípios de Contabilidade e das Normas Brasileiras de Contabilidade editadas pelo Conselho Federal de Contabilidade;

(Redação alterada pela Resolução CFC nº 1.307/10, de 09/12/2010)

XXI – renunciar à liberdade profissional, devendo evitar quaisquer restrições ou imposições que possam prejudicar a eficácia e correção de seu trabalho;

XXII – publicar ou distribuir, em seu nome, trabalho científico ou técnico do qual não tenha participado;

XXIII – Apropriar-se indevidamente de valores confiados a sua guarda;

(Criado pelo Art. 12, da Resolução CFC nº 1.307/10, de 09/12/2010)

XXIV – Exercer a profissão demonstrando comprovada incapacidade técnica.

(Criado pelo Art. 13, da Resolução CFC nº 1.307/10, de 09/12/2010)

XXV – Deixar de apresentar documentos e informações quando solicitado pela fiscalização dos Conselhos Regionais.

(Criado pelo Art. 14, da Resolução CFC nº 1.307/10, de 09/12/2010)

Art. 4º. O Profissional da Contabilidade poderá publicar relatório, parecer ou trabalho técnico-profissional, assinado e sob sua responsabilidade.

(Redação alterada pela Resolução CFC nº 1.307/10, de 09/12/2010)

Art. 5º. O Contador, quando perito, assistente técnico, auditor ou árbitro, deverá;

I – recusar sua indicação quando reconheça não se achar capacitado em face da especialização requerida;

II – abster-se de interpretações tendenciosas sobre a matéria que constitui objeto de perícia, mantendo absoluta independência moral e técnica na elaboração do respectivo laudo;

III – abster-se de expender argumentos ou dar a conhecer sua convicção pessoal sobre os direitos de quaisquer das partes interessadas, ou da justiça da causa em que estiver servindo, mantendo seu laudo no âmbito técnico e limitado aos quesitos propostos;

IV – considerar com imparcialidade o pensamento exposto em laudo submetido à sua apreciação;

V – mencionar obrigatoriamente fatos que conheça e repute em condições de exercer efeito sobre peças contábeis objeto de seu trabalho, respeitado o disposto no inciso II do art. 2º;

VI – abster-se de dar parecer ou emitir opinião sem estar suficientemente informado e munido de documentos;

VII – assinalar equívocos ou divergências que encontrar no que concerne à aplicação dos Princípios de Contabilidade e Normas Brasileiras de Contabilidade editadas pelo CFC;

(Redação alterada pela Resolução CFC nº 1.307/10, de 09/12/2010)

VIII – considerar-se impedido para emitir parecer ou elaborar laudos sobre peças contábeis, observando as restrições contidas nas Normas Brasileiras de Contabilidade editadas pelo Conselho Federal de Contabilidade;

IX – atender à Fiscalização dos Conselhos Regionais de Contabilidade e Conselho Federal de Contabilidade no sentido de colocar à disposição desses, sempre que solicitado, papéis de trabalho, relatórios e outros documentos que deram origem e orientaram a execução do seu trabalho.

CAPÍTULO III - DO VALOR DOS SERVIÇOS PROFISSIONAIS

Art. 6º. O Profissional da Contabilidade deve fixar previamente o valor dos serviços, por contrato escrito, considerados os elementos seguintes:

(Redação alterada pela Resolução CFC nº 1.307/10, de 09/12/2010)

I – a relevância, o vulto, a complexidade e a dificuldade do serviço a executar;

II – o tempo que será consumido para a realização do trabalho;

III – a possibilidade de ficar impedido da realização de outros serviços;

IV – o resultado lícito favorável que para o contratante advirá com o serviço prestado;

V – a peculiaridade de tratar-se de cliente eventual, habitual ou permanente;

VI – o local em que o serviço será prestado.

Art. 7º. O Profissional da Contabilidade poderá transferir o contrato de serviços a seu cargo a outro profissional, com a anuência do cliente, sempre por escrito, de acordo com as normas expedidas pelo Conselho Federal de Contabilidade.

(Redação alterada pela Resolução CFC nº 1.307/10, de 09/12/2010)

Parágrafo único. O Profissional da Contabilidade poderá transferir parcialmente a execução dos serviços a seu cargo a outro profissional, mantendo sempre como sua a responsabilidade técnica.

(Redação alterada pela Resolução CFC nº 1.307/10, de 09/12/2010)

Art. 8º. É vedado ao Profissional da Contabilidade oferecer ou disputar serviços profissionais mediante aviltamento de honorários ou em concorrência desleal.

(Redação alterada pela Resolução CFC nº 1.307/10, de 09/12/2010)

CAPÍTULO IV - DOS DEVERES EM RELAÇÃO AOS COLEGAS E À CLASSE

Art. 9º. A conduta do Profissional da Contabilidade com relação aos colegas deve ser pautada nos princípios de consideração, respeito, apreço e solidariedade, em consonância com os postulados de harmonia da classe.

(Redação alterada pela Resolução CFC nº 1.307/10, de 09/12/2010)

Parágrafo único. O espírito de solidariedade, mesmo na condição de empregado, não induz nem justifica a participação ou conivência com o erro ou com os atos infringentes de normas éticas ou legais que regem o exercício da profissão.

Art. 10. O Profissional da Contabilidade deve, em relação aos colegas, observar as seguintes normas de conduta:

(Redação alterada pela Resolução CFC nº 1.307/10, de 09/12/2010)

I – abster-se de fazer referências prejudiciais ou de qualquer modo desabonadoras;

II – abster-se da aceitação de encargo profissional em substituição a colega que dele tenha desistido para preservar a dignidade ou os interesses da profissão ou da classe, desde que permaneçam as mesmas condições que ditaram o referido procedimento;

III – jamais apropriar-se de trabalhos, iniciativas ou de soluções encontradas por colegas, que deles não tenha participado, apresentando-os como próprios;

IV – evitar desentendimentos com o colega a que vier a substituir no exercício profissional.

Art. 11. O Profissional da Contabilidade deve, com relação à classe, observar as seguintes normas de conduta:

(Redação alterada pela Resolução CFC nº 1.307/10, de 09/12/2010)

I – prestar seu concurso moral, intelectual e material, salvo circunstâncias especiais que justifiquem a sua recusa;

II – zelar pelo prestígio da classe, pela dignidade profissional e pelo aperfeiçoamento de suas instituições;

III – aceitar o desempenho de cargo de dirigente nas entidades de classe, admitindo-se a justa recusa;

IV – acatar as resoluções votadas pela classe contábil, inclusive quanto a honorários profissionais;

V – zelar pelo cumprimento deste Código;

VI – não formular juízos depreciativos sobre a classe contábil;

VII – representar perante os órgãos competentes sobre irregularidades comprovadamente ocorridas na administração de entidade da classe contábil;

VIII – jamais utilizar-se de posição ocupada na direção de entidades de classe em benefício próprio ou para proveito pessoal.

CAPÍTULO V - DAS PENALIDADES

Art. 12. A transgressão de preceito deste Código constitui infração ética, sancionada, segundo a gravidade, com a aplicação de uma das seguintes penalidades:

I – advertência reservada;

II – censura reservada;

III – censura pública.

§ 1º Na aplicação das sanções éticas, podem ser consideradas como atenuantes:

(Redação alterada pela Resolução CFC nº 1.307/10, de 09/12/2010)

I – ação desenvolvida em defesa de prerrogativa profissional;

(Redação alterada pela Resolução CFC nº 1.307/10, de 09/12/2010)

II – ausência de punição ética anterior;

(Redação alterada pela Resolução CFC nº 1.307/10, de 09/12/2010)

III – prestação de relevantes serviços à Contabilidade.

(Redação alterada pela Resolução CFC nº 1.307/10, de 09/12/2010)

§ 2º Na aplicação das sanções éticas, podem ser consideradas como agravantes:

(Criado pelo Art. 25, da Resolução CFC nº 1.307/10, de 09/12/2010)

I – Ação cometida que resulte em ato que denigra publicamente a imagem do Profissional da Contabilidade;

(Criado pelo Art. 25, da Resolução CFC nº 1.307/10, de 09/12/2010)

II – punição ética anterior transitada em julgado.

(Criado pelo Art. 25, da Resolução CFC nº 1.307/10, de 09/12/2010)

Art. 13. O julgamento das questões relacionadas à transgressão de preceitos do Código de Ética incumbe, originariamente, aos Conselhos Regionais de Contabilidade, que funcionarão como Tribunais Regionais de Ética e Disciplina, facultado recurso dotado de efeito suspensivo, interposto no prazo de quinze dias para o Conselho Federal de Contabilidade em sua condição de Tribunal Superior de Ética e Disciplina.

(Redação alterada pela Resolução CFC nº 950, de 29 de novembro de 2002)

§ 1º O recurso voluntário somente será encaminhado ao Tribunal Superior de Ética e Disciplina se o Tribunal Regional de Ética e Disciplina respectivo mantiver ou reformar parcialmente a decisão.

(Redação alterada pela Resolução CFC nº 950, de 29 de novembro de 2002)

§ 2º Na hipótese do inciso III do art. 12, o Tribunal Regional de Ética e Disciplina deverá recorrer *ex officio* de sua própria decisão (aplicação de pena de Censura Pública).

(Redação alterada pela Resolução CFC nº 950, de 29 de novembro de 2002)

§ 3º Quando se tratar de denúncia, o Conselho Regional de Contabilidade comunicará ao denunciante a instauração do processo até trinta dias após esgotado o prazo de defesa.l

(Renumerado pela Resolução CFC nº 819, de 20 de novembro de 1997)

Art. 14. O Profissional da Contabilidade poderá requerer desagravo público ao Conselho Regional de Contabilidade, quando atingido, pública e injustamente, no exercício de sua profissão.

(Redação alterada pela Resolução CFC nº 1.307/10, de 09/12/2010)

CAPÍTULO VI - DAS DISPOSIÇÕES GERAIS

(Criado pelo Art. 27, da Resolução CFC nº 1.307/10, de 09/12/2010)

Art. 15 Este Código de Ética Profissional se aplica aos Contadores e Técnicos em Contabilidade regidos pelo Decreto-Lei nº. 9.295/46, alterado pela Lei nº. 12.249/10.

(Criado pelo Art. 28, da Resolução CFC nº 1.307/10, de 09/12/2010)

ANEXO 2 – RESOLUÇÃO CFC Nº 819/1997

RESOLUÇÃO CFC Nº 819/97

Restabelece o instituto do recurso "ex officio" na área do Processo Ético. Altera o § 2º do art. 13 do CEPC. Revoga a Resolução CFC nº 677/90 e dá outras providências.

O **CONSELHO FEDERAL DE CONTABILIDADE**, no exercício de suas atribuições legais e regimentais,

CONSIDERANDO que o julgamento das infrações ao Código de Ética Profissional do Contabilista – CEPC exige prudência na análise do comportamento do Contabilista no campo do exercício profissional, a fim de não se confundir com os valores que definem a infração ao Decreto-lei nº 9.295, de 27 de maio de 1946;

CONSIDERANDO que na estrutura organizacional do CFC a Câmara de Ética se especializa na apreciação e julgamento dos processos de natureza ética que sobem à instância *ad quem* em grau de recurso;

CONSIDERANDO que, dentre as penas previstas no Código de Ética Profissional do Contabilista – CEPC, a de censura pública é a que merece destaque, em razão de sua publicidade perante a sociedade, extrapolando, por esse motivo, o campo restrito do mundo profissional da Contabilidade, fato esse que pode gerar grave lesão à imagem da profissão;

CONSIDERANDO que, com a instituição da Câmara de Ética no campo estrutural do Conselho Federal de Contabilidade, o melhor caminho será adotar critérios uniformes em termos de aplicação da pena de censura pública, para tanto, restabelecendo-se o instituto do recurso *ex officio* na área do Processo Ético,

RESOLVE:

Art. 1º Ao § 2º do art. 13 do Código de Ética Profissional do Contabilista – CEPC, aprovado pela Resolução CFC nº 803/96, dê-se a seguinte redação:

"§ 2º Na hipótese do inciso III do art. 12, o Tribunal Regional de Ética Profissional deverá recorrer *ex officio* de sua própria decisão (aplicação de pena de Censura Pública)."

Art. 2º. Renumere-se o atual § 2º do art. 13 do Código de Ética Profissional – CEPC, aprovado pela Resolução CFC nº 803/96, para § 3º.

Art. 3º. Para processar e julgar a infração de natureza ética, é competente o Conselho Regional de Contabilidade, investido de sua condição de Tribunal Regional de Ética e Disciplina (TRED) do local de sua ocorrência.

Art. 3º, *caput*, com redação dada pela Resolução CFC nº 950, de 29 de novembro de 2002.

Parágrafo único. Quando o CRC do local da infração não for o do registro principal do infrator, serão observadas as seguintes normas:

I – O CRC do local da infração encaminhará cópia da notificação ou do auto de infração ao CRC do registro principal, solicitando as providências e informações necessárias à instauração, instrução e julgamento do processo.

II – O CRC do registro principal, além de atender, em tempo hábil, às solicitações do CRC do local da infração, fornecerá a este todos os elementos de que dispuser no sentido de facilitar seus trabalhos de informação e apuração.

III – De sua decisão condenatória, o TRET interporá, em todos os casos, recurso *ex officio* ao TSET.

IV – Ao CRC (TRED) do registro principal do infrator incumbe executar a decisão cuja cópia, acompanhada da Deliberação do TSED sobre o respectivo recurso, lhe será remetida pelo CRC (TRED) do julgamento do processo.

Inciso 4º com redação dada pela Resolução CFC nº 950, de 29 de novembro de 2002.

Art. 4º. Revoga-se a Resolução CFC nº 677/90.

Art. 5º. Esta Resolução entra em vigor na data de sua assinatura.

Brasília, 20 de novembro de 1997.

Contador José Serafim Abrantes
Vice-Presidente para Assuntos Operacionais
no Exercício da Presidência

OFÍCIO-CIRCULAR CJU/CFC Nº 2.226/97

Brasília, 21 de novembro de 1997.

ASSUNTO: **RECURSO *EX OFFICIO* NA ÁREA DE PROCESSO ÉTICO**

Senhor Presidente,

Encaminhamos cópia da Resolução CFC nº 819/97, que restabelece o instituto do recurso *ex officio* na área do processo ético, altera e renumera o atual § 2º do art. 13 do Código de Ética Profissional do Contabilista – CEPC, aprovado pela Resolução CFC nº 803/96; revoga a Resolução CFC nº 677/90 e dá outras providências.

Prescreve, ainda, a obrigatoriedade da remessa de todo e qualquer processo de natureza ética, quando a ocorrência da infração ética for na jurisdição de Conselho Regional que não seja o do Registro Principal. A remessa, na qualidade de recurso *ex officio* ao TSET, se dará da decisão condenatória.

Esclarecemos que deverão ser remetidos ao Tribunal Superior de Ética Profissional – TSET, nos termos da Resolução CFC nº 819/97, os processos que foram julgados após 21/11/1997.

Os termos do presente ofício-circular deverão ser levados aos Conselheiros e aos empregados do Conselho Regional lotados na área de fiscalização.

Em anexo, cópia da exposição de motivos que deu origem à presente orientação.

Atenciosamente,

Contador José Serafim Abrantes
Vice-Presidente para Assuntos Operacionais
no Exercício da Presidência

Exposição de motivos da Resolução CFC que institui o recurso ex officio *nos processos éticos quando da aplicabilidade da pena de censura pública pelo Tribunal Regional de Ética.*

Aos **Conselhos Regionais de Contabilidade**, entidades de fiscalização e de promoção do desempenho ético da profissão contábil, que atuam como órgãos a serviço da sociedade, compete, originariamente, processar e julgar infrações cometidas contra a legislação contábil, conforme preconiza o art. 10, alínea *c*, do Decreto-lei nº 9.295/46 e o art. 2º da Resolução CFC nº 273/70.

O poder punitivo delegado pelo Estado às Corporações emergentes da própria classe, em virtude de lei, faz desaguar sobre os ombros desta extraordinária responsabilidade, qual seja, julgar seus pares.

No exercício pleno da fiscalização da profissão contábil podem os Conselhos Regionais de Contabilidade aplicar sanções éticas e disciplinares, transmudando-se estas em multas e suspensão.

Todavia, a pena ética diferencia-se, diametralmente, da pena disciplinar, enquanto que esta visa corrigir infração eminentemente sob o ponto de vista técnico-laboral, aquela atinge a vertente moral do exercício profissional.

Neste sentido, discorreu o ilustre jurista Dr. José Washington Coelho em seu monumental trabalho "Ética Profissional":. ".. **é que o termo ética tornou-se próprio e adequado para expressar a moral do grupo organizado em categoria profissional.**"

É verdade que a infração ética encharca de mácula a classe contábil, mas não é menos verdade que a punição, se aplicada fora de suas proposições, pode trazer prejuízos imensos ao profissional que nela incorrer. Como reparar uma pena ética aplicada inadequadamente, principalmente se esta vem ao domínio público?

Enquanto a pena não extrapola ao conhecimento das partes envolvidas – Conselho/profissional –, cremos existir remédio para a chaga aberta. Todavia, conforme dito, havendo extrapolação, o antídoto, se é que existe, torna-se ineficaz.

Envoltos em manto legal, que lhes assegura o poder discricionário punitivo, devem os Conselhos Regionais de Contabilidade guardar a devida prudência quando do uso legítimo desse direito.

Desta forma, com resguardo e elementar cautela de administração da pena ética – especificamente quando esta tratar-se de "Censura Pública" –, determina o projeto de Resolução, na ausência de recurso voluntário, que o infrator seja beneficiado com o instituto do recurso *ex officio*, oportunizando, assim, o conhecimento do feito à instância superior que proferirá decisão definitiva.

O espírito da Resolução se evidencia no intuito de obter equilíbrio entre o interesse da classe contábil e o da defesa individual do profissional infrator, todavia não o inspira o espírito do autoritarismo em razão do poder de punir.

Brasília, 15 de outubro de 1997.

Mauro Manoel Nóbrega
Coordenador da Câmara de Ética

ANEXO 3 – RESOLUÇÃO CFC Nº 854/1999

RESOLUÇÃO CFC n.º 854/99

Dispõe sobre a eleição Plenária do CFC no Exercício de 1999 e dá outras providências.

O **CONSELHO FEDERAL DE CONTABILIDADE**, no exercício de suas atribuições legais, estatutárias e regimentais,

CONSIDERANDO que o § 1º, do art. 58, da Lei n.º 9.649, de 27 de maio de 1998, garantiu na composição do Conselho Federal de Contabilidade a representação dos Conselhos Regionais de Contabilidade;

CONSIDERANDO que o Estatuto dos Conselhos de Contabilidade de que trata a Resolução CFC n.º 825/98, de 30 de junho de 1998, publicada no D.O.U., de 28 de julho de 1998, prevê em seu art. 10 que o CFC será integrado, no mínimo, por um representante de cada CRC, e respectivo suplente, observada a proporção de 2/3 (dois terços) de contadores e de 1/3 (um terço) de técnicos em contabilidade.

CONSIDERANDO que o inciso I, do art. 33, do Estatuto dos Conselhos de Contabilidade, estabelece que 4 (quatro) efetivos e respectivos suplentes serão eleitos para completar o terço em renovação, compondo uma só chapa de 9 (nove) efetivos e suplentes, no pleito de novembro de 1999, todos com mandato de 4 (quatro) anos,

RESOLVE:

CAPÍTULO I - DATA DA ELEIÇÃO E POSSE DOS ELEITOS

Art. 1º. O pleito para renovação da composição plenária do Conselho Federal de Contabilidade (CFC) realizar-se-á, em cada biênio, no mês de novembro.

§ 1º No exercício de 1999, a eleição para renovação de 1/3 (um terço) da composição plenária do CFC será realizada nos dias 04 e 05 de novembro de 1999, na sede do CFC, em Brasília-DF.

§ 2º Serão eleitos 9 (nove) conselheiros efetivos e 9 (nove) suplentes, sendo 6 (seis) contadores efetivos e 6 (seis) contadores suplentes, e 3 (três) técnicos em contabilidade efetivos e 3 (três) técnicos em contabilidade suplentes, com mandato delimitado pelo período de 01-01-2000 até 31-12-2003.

§ 3º Os conselheiros eleitos serão empossados na primeira sessão de janeiro do ano de início do respectivo mandato, ou, no caso de recurso, após a decisão deste.

CAPÍTULO II - DO EDITAL DE CONVOCAÇÃO DE ELEIÇÃO DO CFC

Art. 2º. O Edital convocando a eleição do CFC será publicado, pelo menos uma vez, no Diário Oficial da União e em jornal de grande circulação no País, até 20 (vinte) dias antes da data do pleito e deverá mencionar dia e hora para início das sessões preparatória e eleitoral, bem como o prazo para registro de chapas.

CAPÍTULO III - DO COLÉGIO ELEITORAL DE ELEIÇÃO DO CFC

Art. 3º. O Colégio Eleitoral para eleição do CFC, integrado por um representante de cada CRC, por este eleito por maioria absoluta, em reunião especialmente convocada, reunir-se-á, sob a presidência do Presidente do CFC, em sessão preliminar, na data designada pelo Edital de Convocação de Eleição, destinando-se seus 30 (trinta) minutos iniciais à qualificação dos Delegados-Representantes, os quais, ao entregarem as credenciais, assinarão a lista de presença.

§ 1º Desse Colégio Eleitoral só poderão participar representantes de CRC que estejam em situação regular e em dia com suas obrigações junto ao CFC, especialmente quanto ao recolhimento da cota-parte que lhe pertence nos termos do disposto no art. 19, § 1º, alínea a e § 3º, do Estatuto dos Conselhos de Contabilidade.

§ 2º O Colégio Eleitoral, por convocação do Presidente do CFC, reunir-se-á, preliminarmente, para exame, discussão, aprovação e registro das chapas concorrentes realizando a eleição 24 (vinte e quatro) horas após a sessão preliminar.

§ 3º Encerrado o prazo para entrega de credenciais, serão proclamados os Delegados-Representantes que, por terem atendido a essa formalidade, são considerados Delegados-Eleitores.

§ 4º Em seguida a sessão será suspensa por 01 (uma) hora, para apresentação de pedido de registro de chapas.

§ 5º Reaberta a sessão, proceder-se-á, durante 01 (uma) hora, ao exame e discussão das chapas apresentadas, facultando-se a cada Delegado-Eleitor usar da palavra por tantos minutos quantos resultem da divisão daquele prazo pelo número de oradores previamente inscritos.

§ 6º Concluído o exame e discussão, as chapas serão submetidas à aprovação, encerrando-se a sessão preliminar, da qual será lavrada ata. Cada chapa receberá um número, de acordo com a ordem de apresentação.

§ 7º O Presidente determinará as providências para que as chapas registradas sejam imprimidas por digitação e xerox e colocadas na cabine indevassável.

§ 8º As chapas observarão o modelo anexo a esta Resolução.

Art. 4º. A sessão eleitoral, presidida pelo Presidente do CFC, será instalada à hora designada no edital, com a presença da maioria dos Delegados-Eleitores, ou trinta minutos depois, com qualquer número, devendo cada eleitor assinar a lista de presença.

§ 1º O Presidente convidará 2 (dois) Delegados-Eleitores para, como escrutinadores, integrarem a Mesa Eleitoral, dando início à votação.

§ 2º O voto é secreto, direto e pessoal.

§ 3º O Delegado-Eleitor assinará a lista de votantes e receberá um envelope rubricado pelo Presidente e, na cabine indevassável, colocará, dentro do mesmo, a chapa de sua escolha, depositando-o na urna após exibi-lo à Mesa Eleitoral.

§ 4º A votação será encerrada às 18 (dezoito) horas, salvo se, antes, houverem votado todos os Delegados-Eleitores, e, em seguida, será iniciada a apuração.

§ 5º Feita a apuração, serão proclamados eleitos os integrantes da chapa que obtiver maior número de sufrágios, procedendo-se a sorteio em caso de empate. Em seguida, a sessão será encerrada, lavrando-se a respectiva ata.

CAPÍTULO IV - DO REGISTRO DE CHAPA

Art. 5º. O pedido de registro de chapa será feito através de requerimento assinado por um dos seus integrantes, devendo instruí-lo os seguintes documentos, relativos a cada um dos seus componentes, efetivos e suplentes:

a) declaração de concordância com sua candidatura e inclusão do nome na chapa;

b) declaração de que, além das exigências constantes do art. 530, da Consolidação das Leis do Trabalho e legislação complementar, satisfaz os seguintes requisitos:

I – nacionalidade brasileira;

II – habilitação profissional na forma da legislação em vigor;

III – pleno gozo dos direitos profissionais, civis e políticos;

IV – inexistência de condenação por crime contra o fisco;

V – não tiver realizado administração danosa no CFC ou em CRC, segundo apuração definitiva, em instância administrativa, resguardado o direito de defesa;

VI – não tiver contas rejeitadas pelo CFC;

VII – estiver, desde 3 (três) anos antes da data da eleição, no exercício efetivo da profissão, com registro principal na jurisdição do CRC na qual será candidato;

VIII – não tiver sido condenado por crime doloso, transitado em julgado, enquanto persistirem os efeitos da pena;

IX –não tiver má conduta comprovada;

X – não tiver sido destituído de cargo, função ou emprego, por efeito de causa relacionada à prática de ato de improbidade na administração pública ou privada ou no exercício de representação de entidade de classe, tudo decorrente de sentença transitada em julgado;

XI – não seja ou não tenha sido, nos últimos 3 (três) anos, empregado do CFC ou de CRC;

XII – não tenha sofrido penalidade disciplinar ou ética aplicada por Conselho de Contabilidade (CFC ou CRC), nos últimos 3 (três) anos, com decisão transitada em julgado.

§ 1º O atendimento dos requisitos e exigências de que tratam este artigo será feito através de declaração do candidato, que responderá por sua veracidade, sob as penas da lei. (Modelo I).

§ 2º A inclusão ou omissão de dados de forma fraudulenta, na declaração a ser prestada ao Conselho Federal de Contabilidade para inscrição no pleito resultará em instauração de processo disciplinar e ético, podendo resultar em aplicação de penalidade prevista no Código de Ética, no Estatuto dos Conselhos de Contabilidade ou na declaração da perda de condição de concorrer a qualquer vaga no âmbito do Sistema CFC/CRC, pelo prazo de até 5 (cinco) anos, mediante instauração de processo.

§ 1º A prova de militança profissional, dispensada para os membros do CFC candidatos à reeleição, consiste em um dos seguintes documentos:

a) carteira profissional de trabalho anotada;

b) certidão da repartição ou empresa onde o profissional trabalha ou da qual faça parte como responsável;

c) o original ou a fotocópia da publicação de peças contábeis de sua autoria;

d) prova de realização de perícias, auditorias ou outros trabalhos contábeis;

e) prova de que é sócio de Organização Contábil.

§ 2º As provas de habilitação profissional e de pleno gozo dos direitos profissionais poderão ser fornecidas pelo CRC da jurisdição do candidato, através de certidão.

§ 3º O Contabilista não poderá candidatar-se em mais de uma chapa.

§ 4º Para a composição das chapas concorrentes ao pleito, o CFC com antecedência mínima de 30 (trinta) dias da data da eleição, comunicará aos CRC quais as vagas a preencher.

CAPÍTULO V - DELEGADO-REPRESENTANTE

Art. 6º. A credencial do Delegado-Representante (Art. 3º) será constituída por cópia autêntica da ata da reunião plenária do CRC de sua eleição, encaminhada ao CFC por ofício assinado pelo Presidente do respectivo CRC.

Parágrafo único – O Delegado-Representante do CRC deverá, no dia da eleição, apresentar ao Presidente do Colégio Eleitoral (Presidente do CFC) cópia da ata da reunião na qual foi eleito.

Art. 7º. A partir de 1º de outubro e até 10 (dez) dias antes da data designada para a realização do pleito, os CRC que estiverem em dia com suas obrigações legais e regimentais, em reunião extraordinária, com a presença de, pelo menos, a maioria de seus membros, deverão eleger seus Delegados-Representantes ao pleito no CFC.

§ 1º Da reunião será lavrada ata, cuja cópia autenticada constituirá a credencial de que trata o art. 6º.

§ 2º Para efeito deste artigo considera-se em dia com suas obrigações legais e regimentais o CRC:

a) que tenha apresentado ao CFC a prestação de suas contas relativas aos exercícios anteriores encerrados, não estando, de qualquer forma, inadimplente quanto ao cumprimento de exigências do CFC;

b) que esteja quite com o CFC relativamente ao pagamento das cotas que lhe são devidas.

§ 3º Até 15 (quinze) dias antes da data, designada para a realização do pleito, o CFC comunicará quais os CRC que não estão em condições de participar do mesmo.

§ 4º O CRC que não tiver condição de participar do pleito, não poderá integrar as chapas concorrentes à eleição com representante.

CAPÍTULO VI - DO RECURSO

Art. 8º. Qualquer integrante de chapa poderá interpor recurso do resultado do pleito, no prazo de 3 (três) dias a contar da data da proclamação do resultado da eleição, ao Plenário do CFC.

§ 1º O recurso será apresentado ao Presidente do CFC, o qual, depois de o instruir, no prazo de até 5 (cinco) dias, processará sua distribuição a um conselheiro o qual levará o seu parecer à decisão do Plenário.

§ 2º O recurso não terá efeito suspensivo.

§ 3º O Presidente intimará o recorrente da decisão do Plenário do CFC.

CAPÍTULO VII - DAS DISPOSIÇÕES GERAIS

Art. 9º. O CFC poderá reembolsar, no todo ou em parte, as despesas de viagem e estada do Delegado de CRC cuja situação financeira-orçamentária não comporte o atendimento desse encargo, desde que esteja em condições de participar do processo eleitoral.

Art. 10. Ao Presidente do CFC compete interpretar esta Resolução, resolvendo, conclusivamente, as dúvidas suscitadas nas sessões do Colégio Eleitoral.

Art. 11. Esta Resolução entra em vigor na data de sua publicação, revogadas as Resoluções CFC n.ºs 626/87 e 661/89.

Brasília, 23 de setembro de 1999.

Contador José Serafim Abrantes
Presidente

ANEXO 4 – RESOLUÇÃO CFC Nº 942/2002

RESOLUÇÃO CFC Nº 942/02

Altera o Código de Ética Profissional do Contabilista e dá outras providências.

O CONSELHO FEDERAL DE CONTABILIDADE, no exercício de suas atribuições legais, estatutária e regimentais;

CONSIDERANDO que o Código de Ética Profissional do Contabilista é o repositório de preceitos e orientação e disciplina da conduta do profissional dentro do amplo quadro do exercício da profissão.

CONSIDERANDO a necessidade de se adaptar o Código de Ética Profissional do Contabilista à realidade da necessidade atual da classe, na parte em que se refere à relação do Contabilista com o cliente.

RESOLVE:

Art. 1º. Ao caput dos artigos 6º e 7º do Código de Ética Profissional do Contabilista, aprovado pela Resolução CFC nº 803/96, dê-se as seguintes redações:

Art. 6º. O contabilista deve fixar previamente o valor dos serviços, por contrato escrito, considerados os elementos seguintes:

(...)

Art. 7º. O contabilista poderá transferir o contrato de serviços a seu cargo a outro Contabilista, com a anuência do cliente, sempre por escrito.

(...)

Art. 2º. Esta Resolução entra em vigor na data de sua aprovação.

Brasília, 30 de agosto de 2002.

Contador Alcedino Gomes Barbosa
Presidente

ANEXO 5 – RESOLUÇÃO CFC Nº 960/2003

RESOLUÇÃO CFC Nº 960/03

Regulamento Geral dos Conselhos de Contabilidade.

O CONSELHO FEDERAL DE CONTABILIDADE, no exercício de suas atribuições legais e regimentais,

CONSIDERANDO que o Decreto-Lei nº 9.295, de 27 de maio de 1946, deu aos Conselhos de Contabilidade a estrutura federativa, colocando os Conselhos Regionais de Contabilidade subordinados ao Conselho Federal de Contabilidade, cabendo a este a competência de disciplinar as atividades da entidade em seu todo, a fim de manter a unidade administrativa;

CONSIDERANDO a necessidade de se estabelecer a disciplina das atividades administrativas dos Conselhos de Contabilidade, em seu conjunto, Conselho Federal e Conselhos Regionais de Contabilidade;

CONSIDERANDO que os Conselhos de Contabilidade, Federal e Regionais, são constituídos de profissionais que têm a competência, entre outras, para fiscalizar os próprios profissionais à luz de critérios peculiares;

CONSIDERANDO que os Conselhos de Contabilidade, Federal e Regionais, são mantidos com recursos próprios, não recebendo qualquer subvenção ou transferência à conta do Orçamento da União, regendo-se pela legislação específica, o Decreto-Lei nº 9.295, de 27 de maio de 1946;

CONSIDERANDO que os Conselhos de Contabilidade são autônomos e independentes, e por meio deste REGULAMENTO GERAL procura disciplina-los à luz do princípio da liberdade com responsabilidade, principalmente na área de prestação/tomada de contas em regime *interna corporis*,

RESOLVE:

CAPÍTULO I - DA CONSTITUIÇÃO, CARACTERÍSTICAS E FINALIDADES

Art. 1º. Os Conselhos de Contabilidade, criados pelo Decreto-Lei n.º 9.295, de 27 de maio de 1946, com as alterações constantes das Leis nºˢ 570, de 22/9/48; 4.695, de 22/6/65 e 5.730, de 8/11/71; e nº 11.160, de 2/8/2005; dos Decretos-Leis nºˢ 9.710, de 3/9/46, e 1.040, de 21/10/69, dotados de personalidade jurídica e forma federativa, prestam serviço público e têm a estrutura, a organização e o funcionamento estabelecidos por este Regulamento Geral.

(Art. 1ª, com nova redação dada pela Resolução CFC nº 1.045, de 16 de setembro de 2005.)

§ 1º Nos termos da delegação conferida pelo Decreto-Lei n.º 9.295, de 27 de maio de 1946, constitui competência dos Conselhos de Contabilidade orientar, disciplinar, fiscalizar técnica e eticamente o exercício da profissão contábil em todo o território nacional.

§ 2º A sede e foro do Conselho Federal de Contabilidade (CFC) é o Distrito Federal e, de cada Conselho Regional de Contabilidade (CRC), a capital da unidade federativa da respectiva base territorial.

§ 3º O exercício da profissão contábil, tanto na área privada quanto na pública, constitui prerrogativa exclusiva dos Contadores e dos Técnicos em Contabilidade.

§ 4º Contador é o diplomado em curso superior de Ciências Contábeis, bem como aquele que, por força de lei, lhe é equiparado, com registro nessa categoria em CRC.

§ 5º Técnico em Contabilidade é o diplomado em curso de nível técnico na área contábil, com registro em CRC nessa categoria.

Art. 2º. Os Conselhos de Contabilidade fiscalizarão o exercício da atividade mais pelo critério da substância ou essência da função efetivamente desempenhada do que pela denominação que se lhe tenha atribuído, atento ao princípio básico de que tudo o que envolve matéria contábil constitui prerrogativa privativa do contabilista.

Art. 3º. Os Conselhos de Contabilidade são organizados e dirigidos pelos próprios contabilistas e mantidos por estes e pelas organizações contábeis, com independência e autonomia, sem qualquer vínculo funcional, técnico, administrativo ou hierárquico com qualquer órgão da Administração Pública, direta ou indireta.

Parágrafo único. Os Conselhos Regionais de Contabilidade, embora organizados nos moldes determinados pelo Conselho Federal de Contabilidade, ao qual se subordinam, são autônomos no que se refere à administração de seus serviços, gestão de seu recursos, regime de trabalho e relações empregatícias.

Art. 4º. Os empregados dos Conselhos de Contabilidade são regidos pela legislação trabalhista, nos termos do art. 8º do Decreto-Lei n.º 1.040, de 21/10/1969, vedada qualquer forma de transposição, transferência ou deslocamento para o quadro da Administração Pública direta ou indireta.

Parágrafo único. Os empregados dos Conselhos de Contabilidade, Federal e Regionais, serão contratados por meio de seleção revestida de caráter público, disciplinada por Resolução do CFC.

Art. 5º. Os Conselhos de Contabilidade gozam de imunidade tributária total em relação aos seus bens, rendas e serviços.

Art. 6º. Constitui atribuição do Conselho Federal de Contabilidade a fiscalização e controle das atividades financeiras, econômicas, administrativas, contábeis e orçamentárias dos Conselhos de Contabilidade.

I – as contas do CFC, organizadas e apresentadas por seu Presidente, com parecer e deliberação da Câmara de Controle Interno, serão submetidas, até 31 de maio do exercício financeiro subseqüente, ao seu Plenário para apreciação e julgamento;

(Inciso I, com nova redação dada pela Resolução CFC nº 1.045, de 16 de setembro de 2005.)

II – os Conselhos Regionais, até 28 de fevereiro do exercício subseqüente, prestarão contas ao Conselho Federal, com observância dos procedimentos, condições e requisitos por este estabelecido;

III – a não-apresentação das contas no prazo fixado poderá determinar o afastamento do responsável, previamente ouvido, até que seu substituto legal encaminhe as contas e estas sejam julgadas e aprovadas.

§ 1º O julgamento da Prestação de Contas referido no inciso I será feito pelo Plenário do CFC, estando impedido o gestor responsável pelas contas ou conselheiro que dela tenha participado por período superior a 50% (cinqüenta por cento) do mandato, que será (ão) substituído(s) pelo(s) suplente(s).

§ 2º Para fins do disposto no inciso II, os CRCs remeterão ao CFC, até o último dia do mês subseqüente, o balancete mensal da gestão orçamentária e contábil, além de outras peças necessárias que venham a ser exigidas.

§ 3º Aprovadas as contas, as quitações dadas aos responsáveis serão publicadas, as do CFC no Diário Oficial da União e as dos Conselhos Regionais de Contabilidade no Diário Oficial do respectivo Estado.

Art. 7º. Compete à Justiça Federal conhecer, processar e julgar as controvérsias relacionadas à execução, pelos Conselhos de Contabilidade, dos serviços de fiscalização do exercício da atividade contábil.

Art. 8º. Compete ao CFC fixar o valor das anuidades devidas pelos contabilistas e pelas organizações contábeis, bem como os preços de serviços e multas, cuja cobrança e execução constituem atribuição dos Conselhos Regionais de Contabilidade, nos termos do art. 2º da Lei nº 4.695, de 22 de junho de 1965.

Parágrafo único. Constitui título executivo extrajudicial a certidão emitida pelo Conselho Regional, relativa a crédito previsto neste artigo.

Art. 9º. O cargo de conselheiro, inclusive quando investido na função de membro de órgão do CFC ou de CRC, é de exercício gratuito e obrigatório, e será considerado serviço relevante.

(Parágrafos 1º e 2º do Art. 9º, foram revogados pela Resolução CFC nº 1.045, de 16 de setembro de 2005.)

CAPÍTULO II - DO CONSELHO FEDERAL DE CONTABILIDADE E DOS CONSELHOS REGIONAIS DE CONTABILIDADE: COMPOSIÇÃO, ELEIÇÃO, MANDATO, COMPETÊNCIA E RECEITA

"Art. 10. O Conselho Federal de Contabilidade será constituído por 1 (um) membro efetivo de cada Conselho Regional de Contabilidade e respectivo suplente, eleitos na forma da legislação vigente.

(Caput do Art. 10, com nova redação dada pela Resolução CFC nº 1.045, de 16 de setembro de 2005.)

Parágrafo único. Na composição do CFC e de CRC será observada a proporção de 2/3 (dois terços) de Contadores e de 1/3 (um terço) de Técnicos em Contabilidade, eleitos para mandato de 4 (quatro) anos, com renovação a cada biênio, alternadamente, por 1/3 (um terço) e 2/3 (dois terços).

Art. 11. Os membros do CFC serão eleitos por um colégio eleitoral integrado por 1 (um) representante de cada CRC, por este eleito por maioria absoluta, em reunião especialmente convocada.

§ 1º Desse colégio eleitoral só poderão participar representantes de CRC em situação regular e em dia com suas obrigações no CFC, especialmente quanto ao recolhimento da parcela da anuidade que a este pertence, nos termos do disposto no art. 19, § 1º, alínea *a*.

§ 2º O colégio eleitoral, por convocação do Presidente do CFC, reunir-se-á, preliminarmente, para exame, discussão, aprovação e registro das chapas concorrentes, realizando a eleição 24 (vinte e quatro) horas após a sessão preliminar.

§ 3º Para composição das chapas referidas no § 2º, o CFC, com antecedência mínima de 30 (trinta) dias sobre a data do pleito, comunicará aos CRC quais as vagas a preencher.

Art. 12. Os CRCs terão, no mínimo, 9 (nove) membros, com até igual número de suplentes, e, no máximo, o número considerado pelo CFC indispensável ao adequado cumprimento de suas funções.

§ 1º Na avaliação para fixar o máximo serão considerados os critérios estabelecidos pelo CFC.

§ 2º Os membros dos CRCs e até igual número de suplentes serão eleitos de forma direta, mediante voto pessoal, secreto e obrigatório, aplicando-se pena de multa em importância correspondente a até o valor da anuidade ao contabilista que deixar de votar sem causa justificada.

Art. 13. Os Presidentes dos Conselhos de Contabilidade serão eleitos dentre seus respectivos membros Contadores, admitida uma única reeleição consecutiva, para mandato de 2 (dois) anos, cujo exercício ficará sempre condicionado à vigência do mandato de conselheiro.

§ 1º A limitação de reeleição aplica-se, também, ao Vice-Presidente que tiver exercido mais da metade do mandato presidencial.

§ 2º Ao Presidente incumbe a administração e a representação do respectivo Conselho, facultando-se-lhe suspender qualquer decisão de seu Plenário considerada inconveniente ou contrária aos interesses da profissão ou da instituição, mediante ato fundamentado.

§ 3º O ato do Presidente prevalecerá se o Plenário, na reunião subseqüente, o aprovar, no mínimo, por 2/3 (dois terços) dos votos de seus membros.

§ 4º Caso não seja aprovado seu ato, o Presidente poderá interpor recurso, com efeito suspensivo, ao CFC, que o julgará no prazo máximo de 60 (sessenta) dias.

Art. 14. Nos casos de falta ou impedimento temporário ou definitivo, o conselheiro será substituído por suplente convocado pelo presidente".

(Caput do Art. 14, com nova redação dada pela Resolução CFC nº 1.045, de 16 de setembro de 2005.)

Art. 15. Não pode ser eleito membro do CFC ou de CRC, mesmo na condição de suplente, o profissional que:

I – tiver realizado administração danosa no CFC ou em CRC, segundo apuração em inquérito, cuja decisão tenha transitado em julgado na instância administrativa;

II – tiver contas rejeitadas pelo CFC;

III – não estiver, desde 3 (três) anos antes da data da eleição, no exercício efetivo da profissão;

IV – não tiver nacionalidade brasileira;

V – tiver sido condenado por crime doloso, transitado em julgado, enquanto persistirem os efeitos da pena;

VI – tiver má conduta, desde que apurada por inquérito regular;

VII – tiver sido destituído de cargo, função ou emprego, por efeito de causa relacionada à prática de ato de improbidade na administração pública ou privada ou no exercício de representação de entidade de classe, decorrente de sentença transitada em julgado;

VIII – seja ou tenha sido, nos últimos 2 (dois) anos, empregado do CFC ou de CRC;

IX – tiver recebido pena ética ou disciplinar, imposta por CRC, nos últimos 5 (cinco) anos.

Art. 16. A extinção ou perda de mandato, no CFC ou em CRC, ocorre:

I – em caso de renúncia;

II – por superveniência de causa de que resulte inabilitação para o exercício da profissão;

III – por efeito de mudança da categoria;

IV – por condenação a pena de reclusão em virtude de sentença transitada em julgado;

V – por não tomar posse no cargo para o qual foi eleito, no prazo de 15 (quinze) dias, a contar do início dos trabalhos no Plenário ou no órgão designado para exercer suas funções, salvo motivo de força maior, devidamente justificado e aceito pelo Plenário;

VI – por ausência, em cada ano, sem motivo justificado, a 3 (três) reuniões consecutivas ou 6 (seis) intercaladas de qualquer órgão deliberativo do CFC ou de CRC, feita a apuração pelo Plenário em processo regular;

VII – por falecimento;

VIII – por falta de decoro ou conduta incompatível com a representação institucional e a dignidade profissional;

IX – nas hipóteses previstas nos incisos I e VII do art. 15.

Art. 17. Ao CFC compete:

I – elaborar, aprovar e alterar o Regulamento Geral e o seu Regimento Interno;

II – adotar as providências e medidas necessárias à realização das finalidades dos Conselhos de Contabilidade;

III – exercer a função normativa superior, baixando os atos necessários à interpretação e execução deste Regulamento, e à disciplina e fiscalização do exercício profissional;

IV – elaborar, aprovar e alterar as Normas Brasileiras de Contabilidade e os princípios que as fundamentam;

V – elaborar, aprovar e alterar as normas e procedimentos de mediação e arbitragem;

VI – fixar o valor das anuidades devidas pelos profissionais e pelas organizações contábeis, dos preços dos serviços e das multas;

VII – eleger os membros de seu Conselho Diretor e de seus órgãos colegiados internos, cuja composição será estabelecida pelo Regimento Interno;

VIII – disciplinar e acompanhar a fiscalização do exercício da profissão em todo o território nacional;

IX – aprovar, orientar e acompanhar os programas das atividades dos CRCs, especialmente na área da fiscalização, para o fim de assegurar que os trabalhos sejam previstos e realizados de modo ordenado e sistematizado;

X – zelar pela dignidade, independência, prerrogativas e valorização da profissão e de seus profissionais;

XI – representar, com exclusividade, os contabilistas brasileiros nos órgãos internacionais e coordenar a representação nos eventos internacionais de contabilidade;

XII – dispor sobre a identificação dos registrados nos Conselhos de Contabilidade;

XIII – dispor sobre os símbolos, emblemas e insígnias dos Conselhos de Contabilidade;

XIV – autorizar a aquisição, alienação ou oneração de bens imóveis dos Conselhos de Contabilidade;

XV – colaborar nas atividades-fins da Fundação Brasileira de Contabilidade;

XVI – examinar e julgar suas contas, organizadas e apresentadas por seu Presidente, observado o disposto no art. 6º;

XVII – instalar, orientar e inspecionar os CRCs, aprovar seus orçamentos, programas de trabalho e julgar suas contas, neles intervindo quando indispensável ao estabelecimento da normalidade administrativa ou financeira e à observância dos princípios de hierarquia institucional;

XVIII – homologar o Regimento Interno e, quando for o caso, as resoluções dos Conselhos Regionais, propondo as modificações necessárias para assegurar a unidade de orientação e de procedimentos; (Inciso XVIII com nova redação dada pela Resolução CFC nº 1.045, de 16 de setembro de 2005.)

XIX – expedir instruções disciplinadoras do processo de suas eleições e dos CRCs;

XX – aprovar seu plano de trabalho, orçamento e respectivas modificações, bem como operações referentes a mutações patrimoniais;

XXI – editar e alterar o Código de Ética Profissional do Contabilista e funcionar como Tribunal Superior de Ética e Disciplina.

XXII – apreciar e julgar os recursos de decisões dos CRCs;

XXIII – conhecer e dirimir dúvidas suscitadas pelos CRCs, bem como prestar-lhes assistência técnica e jurídica;

XXIV – examinar e julgar as contas anuais dos CRCs;

(Inciso XXIV com nova redação dada pela Resolução CFC nº 1.119, de 13 de março de 2008.)

XXV – publicar no Diário Oficial da União e nos seus meios de comunicação, as resoluções de interesse da profissão, o extrato do orçamento e as demonstrações contábeis;

XXVI – manter intercâmbio com entidades congêneres e fazer-se representar em organismos internacionais e em conclaves no País e no exterior, relacionados à contabilidade e suas especializações, ao seu ensino e pesquisa, bem como ao exercício profissional, dentro dos limites dos recursos orçamentários disponíveis;

XXVII – revogar, modificar ou embargar, de ofício ou mediante representação, qualquer ato baixado por CRC ou autoridade que o represente, contrário a este Regulamento Geral, ao seu Regimento Interno, ao Código de Ética Profissional do Contabilista, ou a seus provimentos, ouvido previamente o responsável;

XXVIII – aprovar o seu quadro de pessoal, criar plano de cargos, salários e carreira, fixar salários e gratificações, bem como autorizar a contratação de serviços especiais;

XXIX – funcionar como órgão consultivo dos poderes constituídos em assuntos relacionados à contabilidade, ao exercício de todas as atividades e especializações a ela pertinentes, inclusive ensino e pesquisa em qualquer nível;

XXX – estimular a exação na prática da contabilidade, velando pelo seu prestígio, bom nome da classe e dos que a integram;

XXXI – colaborar com os órgãos públicos e instituições privadas no estudo e solução de problemas relacionados ao exercício profissional e à profissão, inclusive na área de educação;

XXXII – dispor sobre Exame de Suficiência Profissional como requisito para concessão do registro profissional e disciplinar o registro no Cadastro Nacional de Auditores Independentes;

(Inciso XXXII com nova redação dada pela Resolução CFC nº 1.045, de 16 de setembro de 2005.)

XXXIII – instituir e disciplinar o Programa de Educação Continuada para manutenção do registro profissional;

XXXIV – elaborar, aprovar e modificar os Regulamentos de licitações e contratos e os orçamentos dos Conselhos de Contabilidade;

XXXV – incentivar o aprimoramento científico, técnico e cultural dos contabilistas;

XXXVI – delegar competência ao Presidente;

XXXVII – disciplinar a elaboração dos atos que instrumentam as atribuições legais e regimentais do Sistema CFC/CRCs.

Art. 18. Ao CRC compete:

I – adotar e promover todas as medidas necessárias à realização de suas finalidades;

II – elaborar e aprovar seu Regimento Interno, submetendo-o à homologação do CFC;

III – elaborar e aprovar resoluções sobre assuntos de seu peculiar interesse, submetendo-as a homologação do CFC quando a matéria disciplinada tiver implicação ou reflexos no âmbito federal;

(Inciso III com nova redação dada pela Resolução CFC nº 1.045, de 16 de setembro de 2005.)

IV – eleger os membros do Conselho Diretor, dos órgãos colegiados internos e o representante no Colégio Eleitoral de que trata o art. 11;

V – processar, conceder, organizar, manter, baixar, revigorar e cancelar os registros de contador, técnico em contabilidade e organização contábil;

VI – desenvolver ações necessárias à fiscalização do exercício profissional e representar as autoridades competentes sobre fatos apurados com decisão transitada em julgado, cuja solução não seja de sua alçada;

VII – aprovar o orçamento anual e suas modificações, submetendo à homologação do CFC somente o orçamento, os créditos adicionais especiais e os decorrentes do aumento do orçamento anual;

(Inciso VII com nova redação dada pela Resolução CFC nº 1.119, de 13 de março de 2008.)

VIII – publicar no Diário Oficial da União e nos seus meios de comunicação as resoluções de interesse da profissão, o extrato do orçamento e as demonstrações contábeis;

Iinciso VIII do Art. 18 foi revogado pela Resolução CFC n° 1000/2004, de 23 de julho de 2004.

IX – cobrar, arrecadar e executar as anuidades, bem como preços de serviços e multas, observados os valores fixados pelo Conselho Federal de Contabilidade;

(Inciso IX com nova redação dada pela Resolução CFC nº 1.045, de 16 de setembro de 2005.)

X – cumprir e fazer cumprir as disposições da legislação aplicável, deste Regulamento Geral, do seu Regimento Interno, das resoluções e demais atos, bem como os do CFC;

XI – expedir carteira de identidade para os profissionais e alvará para as organizações contábeis;

XII – julgar infrações e aplicar penalidades previstas neste Regulamento Geral e em atos normativos baixados pelo CFC;

XIII – aprovar suas contas anuais, submetendo-as ao exame e julgamento do CFC, observado o disposto no art. 6º, e aprovar suas contas mensais;

(Inciso XIII com nova redação dada pela Resolução CFC nº 1.119, de 13 de março de 2008.)

XIV – funcionar como Tribunal Regional de Ética e Disciplina;

XV – estimular a exação na prática da Contabilidade, velando pelo seu prestígio, bom nome da classe e dos que a integram;

XVI – propor ao CFC as medidas necessárias ao aprimoramento dos seus serviços e do sistema de fiscalização do exercício profissional;

XVII – aprovar o seu quadro de pessoal, criar plano de cargos, salários e carreira, fixar salários e gratificações, bem como autorizar a contratação de serviços especiais, respeitado o limite de suas receitas próprias;

XVIII – manter intercâmbio com entidades congêneres e em conclaves no País e no exterior, relacionados à Contabilidade e suas especializações, ao seu ensino e pesquisa, bem como ao exercício profissional, dentro dos limites dos recursos orçamentários e financeiros disponíveis e com observância da disciplina geral estabelecida pelo CFC;

XIX – colaborar nas atividades-fins da Fundação Brasileira de Contabilidade;

XX – admitir a colaboração das entidades de classe em casos relativos a matéria de sua competência;

XXI – incentivar e contribuir para o aprimoramento técnico, científico e cultural dos contabilistas e da sociedade em geral;

XXII – propor alterações ao presente Regulamento Geral, colaborar com os órgãos públicos no estudo e solução de problemas relacionados ao exercício profissional e aos contabilistas, inclusive na área de educação;

XXIII – adotar as providências necessárias à realização de exames de suficiência para concessão do registro profissional, observada a disciplina estabelecida pelo CFC;

XXIV – controlar a execução do Programa de Educação Continuada para manutenção do registro profissional;

XXV – delegar competência ao Presidente.

Art. 19. As receitas dos Conselhos de Contabilidade serão aplicadas na realização de suas finalidades institucionais, nos termos das decisões de seus Plenários e deste Regulamento Geral.

§ 1º Constituem receitas do CFC:

a) 20% (vinte por cento) da receita bruta de cada CRC, excetuados os legados, doações, subvenções, receitas patrimoniais, indenizações, restituições e outros, quando justificados;

b) legados, doações e subvenções;

c) rendas patrimoniais;

d) outras receitas.

§ 2º Constituem receitas dos CRCs:

a) 80% (oitenta por cento) de sua receita bruta;

b) legados, doações e subvenções;

c) rendas patrimoniais;

d) outras receitas.

§ 3º A cobrança das anuidades será feita por meio de estabelecimento bancário oficial, pelo respectivo CRC.

§ 4º O produto da arrecadação será creditado, direta e automaticamente, na proporção de 20% (vinte por cento) e de 80% (oitenta por cento) nas contas, respectivamente, do CFC e dos CRCs.

§ 5º Deverão ser observadas as especificações e condições estabelecidas em ato do CFC, que disciplinará, também, os casos especiais de arrecadação direta pelos Conselhos Regionais de Contabilidade.

CAPÍTULO III - DAS PRERROGATIVAS PROFISSIONAIS E DO EXERCÍCIO DA PROFISSÃO

Art. 20. O exercício de qualquer atividade que exija a aplicação de conhecimentos de natureza contábil constitui prerrogativa dos Contadores e dos Técnicos em Contabilidade em situação regular perante o CRC da respectiva jurisdição, observadas as especificações e as discriminações estabelecidas em resolução do CFC.

§ 1º Por exercício profissional entende-se a execução das tarefas especificadas em resolução própria, independentemente de exigência de assinatura do contabilista para quaisquer fins legais.

§ 2º Os documentos contábeis somente terão valor jurídico quando assinados por contabilista com a indicação do número de registro e da categoria.

§ 3º Resguardado o sigilo profissional, o documento referido no § 2º poderá ser arquivado no CRC, por cópia autenticada, quando e enquanto houver legítimo interesse ou direito do profissional.

§ 4º Os órgãos públicos de registro, especialmente os de registro do comércio e dos de títulos e documentos, somente arquivarão, registrarão ou legalizarão livros ou documentos contábeis, quando assinados por profissionais em situação regular perante o CRC, sob pena de nulidade do ato.

§ 5º Nas entidades privadas e nos órgãos da administração pública, direta ou indireta e fundacional, nas empresas públicas e sociedades de economia mista os empregos, cargos ou funções envolvendo atividades que constituem prerrogativas dos Contadores e Técnicos em Contabilidade somente poderão ser providos e exercidos por profissionais em situação regular perante o CRC de seu registro.

§ 6º As entidades e órgãos referidos no § 5º, sempre que solicitados pelo CFC ou pelo CRC da respectiva jurisdição, devem demonstrar que os ocupantes desses empregos, cargos ou funções são profissionais em situação regular perante o CRC de seu registro.

§ 7º As entidades e os órgãos mencionados no § 5º somente poderão contratar a prestação de serviços de auditoria contábil, externa e independente, de auditores com domicílio permanente no Brasil, autônomos, consorciados ou associados.

Art. 21. O exercício da profissão contábil é privativo do profissional com registro e situação regular no CRC de seu domicílio profissional.

§ 1º A exploração da atividade contábil é privativa da organização contábil em situação regular perante o CRC de seu cadastro.

§ 2º O exercício eventual ou temporário da profissão fora da jurisdição do registro ou do cadastro principal, bem como a transferência de registro e de cadastro, atenderá às exigências estabelecidas pelo CFC.

Art. 22. A Carteira de Identidade Profissional, expedida pelo CRC com observância dos requisitos e do modelo estabelecidos pelo CFC, substitui, para efeito de prova, o diploma, tem fé pública e serve de documento de identidade para todos os fins.

Art. 23. Os Contadores e Técnicos em Contabilidade poderão associar-se para colaboração profissional recíproca sob a forma de sociedade.

Parágrafo único. O CFC disporá:

I – sobre registro de dependências, filiais ou sucursais das organizações contábeis, também denominadas sociedades de profissionais;

II – sobre o registro de sociedades constituídas por contabilistas com profissionais de profissões regulamentadas, segundo critério do CFC.

CAPÍTULO IV - DAS INFRAÇÕES E PENALIDADES

Art. 24. Constitui infração:

I – transgredir o Código de Ética Profissional;

II – exercer a profissão sem registro no CRC ou, quando registrado, esteja impedido de fazê-lo.

III – manter ou integrar organização contábil em desacordo com o estabelecido em ato específico do CFC;

IV – deixar o profissional ou a organização contábil de comunicar, ao CRC, a mudança de domicílio ou endereço, bem como a ocorrência de outros fatos necessários ao controle e fiscalização profissional;

V – transgredir os Princípios Fundamentais de Contabilidade e as Normas Brasileiras de Contabilidade;

VI – manter conduta incompatível com o exercício da profissão, desde que não previsto em outro dispositivo;

VII – fazer falsa prova de qualquer dos requisitos para registro em CRC;

VIII – incidir em erros reiterados, evidenciando incapacidade profissional;

IX – reter abusivamente ou extraviar livros ou documentos contábeis que lhes tenham sido profissionalmente confiados;

X – praticar, no exercício da atividade profissional, ato que a lei define como crime ou contravenção;

XI – praticar ato destinado a fraudar as rendas públicas;

XII – elaborar peças contábeis sem lastro em documentação hábil e idônea;

XIII – emitir peças contábeis com valores divergentes dos constantes da escrituração contábil;

XIV – deixar de apresentar prova de contratação dos serviços profissionais, quando exigida pelo CRC, a fim de comprovar os limites e a extensão da responsabilidade técnica perante cliente ou empregador, ou, ainda e quando for o caso, servir de contraprova em denúncias de concorrência desleal.

Parágrafo único. O CFC classificará as infrações segundo a freqüência e a gravidade da ação ou omissão, bem como os prejuízos dela decorrentes.

Art. 25. As penas consistem em:

I – multas;

II – advertência reservada;

III– censura reservada;

IV – censura pública;

V – suspensão do exercício profissional;

VI – cancelamento do registro profissional.

§ 1º Os critérios para enquadramento das infrações e aplicação de penas serão estabelecidos por ato do CFC.

§ 2º Para conhecer e instaurar processo destinado à apreciação e punição é competente o CRC da base territorial onde tenha ocorrido a infração, feita a imediata e obrigatória comunicação, quando for o caso, ao CRC do registro principal.

§ 3º A suspensão do exercício profissional por falta de pagamento de anuidade ou multa cessará, automaticamente, com a satisfação da dívida.

($ 3ª do Art. 25 com nova redação dada pela Resolução CFC nº 1.045, de 16 de setembro de 2005.)

§ 4ºOs sócios respondem solidariamente pelos atos relacionados ao exercício profissional praticados por contabilistas ou por leigos em nome da organização contábil.

Art. 26. Na esfera administrativa, o poder de punir a quem infringir disposições deste Regulamento Geral e da legislação vigente é atribuição exclusiva e privativa de Conselho de Contabilidade.

Parágrafo único. O CRC delibera de ofício ou sem necessidade de representação de autoridade, de qualquer de seus membros ou de terceiro interessado, por meio do processo regular, no qual será assegurado o mais amplo direito de defesa.

CAPÍTULO V - DAS DISPOSIÇÕES GERAIS E FINAIS

Art. 27. Qualquer que seja a forma de sua organização, a pessoa jurídica somente poderá explorar serviços contábeis, próprios ou de terceiros, depois que provar perante o CRC de sua jurisdição que os responsáveis pela parte técnica e os que executam trabalhos técnicos no respectivo setor ou serviço são profissionais em situação regular perante o CRC de seu registro.

Parágrafo único. A substituição desses profissionais obriga a nova prova por parte da pessoa jurídica.

Art. 28. No prazo de até 30 de junho de 2003, os Conselhos de Contabilidade deverão adaptar seus regimentos e demais provimentos que disciplinem matérias inovadas por força de suas disposições.

Art. 29. Constituído exclusivamente pelo resultado da aplicação das contribuições dos contabilistas e das organizações contábeis, o patrimônio dos Conselhos de Contabilidade é de sua única e exclusiva propriedade institucional, dependendo suas aquisições e alienações da estrita observância das formalidades previstas neste Regulamento Geral.

Parágrafo único. No caso de dissolução dos Conselhos de Contabilidade, seu patrimônio será transferido a uma ou mais instituições sem fins lucrativos e dedicadas, única ou basicamente, ao controle da profissão, ao ensino, à pesquisa ou ao desenvolvimento da Contabilidade.

Art. 30. O presente Regulamento Geral entra em vigor na data de sua publicação no Diário Oficial da União e sua alteração ou revisão exige deliberação por, no mínimo, 2/3 (dois terços) dos votos dos membros do CFC, devendo o respectivo projeto ser distribuído aos conselheiros com pelo menos 20 (vinte) dias de antecedência sobre a data da reunião especialmente convocada para exclusiva realização desse objetivo.

Art. 31. Revogam-se as disposições em contrário, especialmente a Resolução CFC n° 825/98.

Art. 32. Os atos normativos que se reportem à Resolução CFC n° 825/98 deverão ser entendidos como REGULAMENTO GERAL.

Brasília, 30 de abril de 2003.

Contador Alcedino Gomes Barbosa
Presidente

Ata CFC n° 843, de 11 de abril de 2003.

ANEXO 6 – RESOLUÇÃO CFC Nº 950/2002

RESOLUÇÃO CFC Nº 950/02

Altera o art. 13 do Código de Ética Profissional do Contabilista, aprovado pela Resolução CFC nº 803/96, e o art. 3º da Resolução CFC nº 819/97, e dá outras providências.

O CONSELHO FEDERAL DE CONTABILIDADE, no exercício de suas funções legais e regimentais,

CONSIDERANDO a nova disciplina proposta pelo Regulamento de Procedimentos Processuais para os processos de fiscalização;

CONSIDERANDO que o disciplinamento intentado pelo Regulamento produzirá reflexos no funcionamento das Câmaras de Ética dos Conselhos de Contabilidade;

CONSIDERANDO que esses reflexos devem ser adequadamente regulados como forma de manter-se a unicidade de ação e a uniformidade de procedimentos pelo Sistema Contábil,

RESOLVE:

Art. 1º. O artigo 13 e seus parágrafos 1o e 2o do Código de Ética Profissional do Contabilista, Resolução CFC nº 803/96, passam a vigorar com a seguinte redação:

Art. 13. O julgamento das questões relacionadas à transgressão de preceitos do Código de Ética incumbe, originariamente, aos Conselhos Regionais de Contabilidade, que funcionarão como Tribunais Regionais de Ética e Disciplina, facultado recurso dotado de efeito suspensivo, interposto no prazo de quinze dias, para o Conselho Federal de Contabilidade em sua condição de Tribunal Superior de Ética e Disciplina.

§ 1º O recurso voluntário somente será encaminhado ao Tribunal Superior de Ética e Disciplina se o Tribunal Regional de Ética e Disciplina respectivo mantiver ou reformar parcialmente a decisão.

§ 2º Na hipótese do inciso III do art. 12, o Tribunal Regional de Ética e Disciplina deverá recorrer ex officio de sua própria decisão (aplicação de censura pública).

Art. 2º. O art. 3º e seu inciso IV, da Resolução CFC nº 819/97, passam a vigorar com a seguinte redação:

Art. 3º. Para processar e julgar a infração de natureza ética, é competente o Conselho Regional de Contabilidade, investido de sua condição de Tribunal Regional de Ética e Disciplina (TRED), do local da sua ocorrência.

Parágrafo único. (...)

I. (...)

II. (...)

III. (...)

IV. Ao CRC (TRED) do registro definitivo do infrator incumbe executar a decisão cuja cópia, acompanhada da Deliberação do TSED sobre o respectivo recurso, lhe será remetida pelo CRC (TRED) do julgamento do processo.

Art. 3º Esta Resolução entra em vigor na data de sua publicação, revogando-se as disposições em contrário.

Brasília, 29 de novembro de 2002.

Contador Alcedino Gomes Barbosa
Presidente

Ata CFC nº 833/2002
Processo CFC nº 304/02 – Adendo I

ANEXO 7 – RESOLUÇÃO CFC Nº 1.097/2007

Dispõe sobre o Registro Profissional dos Contabilistas.

O CONSELHO FEDERAL DE CONTABILIDADE, no exercício de suas atribuições legais e regimentais,

RESOLVE:

CAPÍTULO I - DO EXERCÍCIO DA PROFISSÃO CONTÁBIL E DO REGISTRO PROFISSIONAL

SEÇÃO I - DISPOSIÇÕES PRELIMINARES

Art. 1º. Somente poderá exercer a profissão, em qualquer modalidade de serviço ou atividade, segundo normas vigentes, o contabilista registrado em CRC.

Art. 2º. O registro deverá ser obtido no CRC com jurisdição no local onde o contabilista tenha seu domicílio profissional.

Parágrafo único. Domicílio profissional é o local em que o contabilista exerce ou de onde dirige a totalidade ou a parte principal das suas atividades profissionais, seja como autônomo, empregado, sócio de organização contábil ou servidor público.

Art. 3º. O Registro Profissional compreende:

I – Registro Definitivo Originário;

II – Registro Definitivo Transferido;

III – Registro Provisório;

IV – Registro Provisório Transferido;

V – Registro Secundário.

§ 1º Registro Definitivo Originário é o concedido pelo CRC da jurisdição do domicílio profissional aos portadores de diploma de Bacharel em Ciências Contábeis ou diploma/certificado de Técnico em Contabilidade, devidamente registrado, fornecido por estabelecimento de ensino, ou certidão de inteiro teor expedida por órgão competente.

§ 2º Registro Definitivo Transferido é o concedido pelo CRC da jurisdição do novo domicílio profissional ao portador de registro definitivo originário.

§ 3º Registro Secundário é o concedido por CRC de jurisdição diversa daquela onde o contabilista possua seu registro profissional para que possa exercer suas atividades na sua jurisdição, sem alteração do seu domicílio profissional.

§ 4º Registro Provisório é o concedido pelo CRC da respectiva jurisdição ao requerente formado no curso de Ciências Contábeis ou de Técnico em Contabilidade que ainda não esteja de posse do diploma ou certificado registrado no órgão competente.

§ 5º Registro Provisório Transferido é o concedido pelo CRC da jurisdição do novo domicílio profissional ao portador de registro provisório.

Art. 4º O registro definitivo originário ou provisório habilita ao exercício da atividade profissional na jurisdição do CRC respectivo, e ao exercício eventual ou temporário em qualquer parte do território nacional.

§ 1º Considera-se exercício eventual ou temporário da profissão aquele realizado fora da jurisdição do CRC de origem do contabilista e que não implique alteração do domicílio profissional.

§ 2º Constitui condição de legitimidade do exercício eventual ou temporário da profissão, na jurisdição de outro CRC, o registro secundário.

Art. 5º. A numeração dos registros definitivo originário e provisório será única e seqüencial, e sua diferenciação far-se-á pela letra O (originário) ou P (provisório).

Parágrafo único. Nos casos de registro secundário ou definitivo transferido, ao número do registro originário acrescentar-se-á, respectivamente, a letra S ou T, acompanhada da sigla designativa da jurisdição do CRC desse registro.

SEÇÃO II - DO REGISTRO DEFINITIVO ORIGINÁRIO

Art. 6º. O pedido de registro definitivo originário será dirigido ao CRC com jurisdição sobre o domicílio profissional do contabilista, por meio de requerimento, instruído com:

I – 2 (duas) fotos 3x4 iguais, recentes, de frente;

II – comprovante de recolhimento da taxa de registro profissional e da anuidade; e

III – original e cópia, que será autenticada pelo CRC, dos seguintes documentos:

a) diploma ou certificado devidamente registrado, fornecido pelo estabelecimento de ensino;

b) cédula de identidade;

c) certificado de reservista para aqueles do sexo masculino e de idade inferior a 46 anos;

d) título de eleitor para os maiores de 18 anos;

e) cartão de contribuinte de pessoa física/MF;

IV – certidão de aprovação em Exame de Suficiência, dentro do prazo de validade.

Art. 7º. Ao contabilista registrado será expedida carteira de identidade profissional.

SUBSEÇÃO I - DA ALTERAÇÃO DE CATEGORIA

Art. 8º. Para a obtenção do registro originário decorrente de mudança de categoria, o profissional deverá encaminhar ao CRC requerimento, instruído com:

I – original e cópia, que será autenticada pelo CRC, do diploma ou certificado devidamente registrado, fornecido pelo estabelecimento de ensino;

II – 2 (duas) fotos 3x4 iguais, recentes, de frente;

III – comprovante de recolhimento da taxa de registro profissional;

IV – comprovante de recolhimento complementar da anuidade, quando se tratar de alteração de categoria de Técnico em Contabilidade para Contador; e

V – certidão de aprovação em Exame de Suficiência da categoria de Contador e dentro de seu prazo de validade.

Parágrafo único. Para a alteração de categoria, o contabilista deverá estar regular no CRC.

SUBSEÇÃO II - DA ALTERAÇÃO DE NOME OU NACIONALIDADE

Art. 9º. Para proceder à alteração de nome ou nacionalidade, o contabilista deverá encaminhar ao CRC requerimento, instruído com:

I – original e cópia, que será autenticada pelo CRC, da certidão de casamento ou de separação judicial ou de divórcio, ou certificado de nacionalidade ou certidão de nascimento averbada, conforme a situação;

II – 2 (duas) fotos 3x4 iguais, recentes, de frente;

III – comprovante de recolhimento da taxa de registro profissional.

Parágrafo único. Para a alteração de nome ou nacionalidade, o contabilista deverá estar regular perante o CRC.

SEÇÃO III - DO REGISTRO SECUNDÁRIO

Art. 10. O requerimento de registro secundário, definido no § 3º do artigo 3º desta Resolução, poderá ser requerido via internet ou protocolado no CRC do registro do Contabilista.

§ 1º Verificada a regularidade do profissional, o CRC de origem informará ao CRC de destino que o profissional está apto a receber o registro secundário, ao qual caberá realizar as devidas anotações cadastrais.

§ 2º Caberá ao CRC de origem comunicar ao interessado sobre a concessão, ou não, do registro secundário;

§ 3º Em caso de registro secundário em diversas jurisdições, o requerimento poderá ser único.

§ 4º As informações entre os Conselhos Regionais poderão ser via internet ou postal, inclusive a opção de o requerente extrair Certidão de Registro Secundário.

Art. 11. Não incidirá qualquer tipo de ônus quando da concessão ou restabelecimento do registro secundário.

SEÇÃO IV - DO REGISTRO DEFINITIVO TRANSFERIDO

Art. 12. O pedido de registro definitivo transferido será protocolado no CRC do novo domicílio profissional do contabilista, mediante requerimento, ao Regional instruído com;

I – carteira de identidade profissional do CRC de origem;

II – 2 (duas) fotos 3x4 iguais, recentes, de frente;

III – comprovante de recolhimento da taxa de registro profissional.

Art. 13. O CRC da nova jurisdição solicitará ao CRC anterior informações cadastrais e de regularidade do contabilista.

Parágrafo único. Essa exigência será dispensada nos casos em que o contabilista apresentar certidão de regularidade expedida pelo CRC de origem.

Art. 14. A transferência somente será concedida ao contabilista que estiver regular no o CRC de origem.

Art. 15. Concedida a transferência, o CRC de destino fará a necessária comunicação ao da jurisdição anterior.

SEÇÃO V - DO REGISTRO PROVISÓRIO

Art. 16. O pedido de registro provisório será requerido ao CRC da jurisdição do domicílio profissional do contabilista, mediante requerimento, instruído com:

I – 2 (duas) fotos 3x4 iguais, recentes, de frente;

II – comprovante de recolhimento da taxa de registro profissional e anuidade;

III – original e cópia, que serão autenticados pelo CRC, dos seguintes documentos:

a) histórico escolar e certidão/declaração do estabelecimento de ensino, contendo a chancela do Ministério da Educação ou do Conselho Estadual de Educação, reconhecendo o curso, sua carga horária, informando que o requerente concluiu o curso, tendo sido diplomado, e que o diploma se encontra em processamento no órgão competente para registro, devendo conter: nome do requerente, data de nascimento, filiação, curso concluído e data da conclusão ou, quando se tratar de curso superior, da colação de grau;

b) cédula de identidade;

c) certificado de reservista para aqueles do sexo masculino e idade inferior a 46 anos;

d) título de eleitor para os maiores de 18 anos; e

e) cartão de contribuinte de pessoa física/MF;

IV – certidão de aprovação em Exame de Suficiência, na categoria correspondente e dentro de seu prazo de validade.

Parágrafo único. A certidão/declaração de que trata a alínea a do inciso III deste artigo somente será aceita com prazo de emissão inferior a 6 (seis) meses.

Art. 17. Ao contabilista registrado provisoriamente será expedida a carteira de registro provisório, nela constando seu prazo de validade e demais dados, conforme estabelecido pelo CFC.

§ 1º O registro provisório será concedido com validade de 2 (dois) ano, excluindo-se da contagem de tempo o ano da respectiva concessão.

§ 2º Durante o prazo de validade do registro provisório, o contabilista pagará a(s) anuidade(s) do(s) exercício(s) abrangido(s).

Art. 18. É permitida a transferência do registro provisório, computando-se, para efeito de contagem do prazo de validade, o tempo decorrido no CRC anterior.

SUBSEÇÃO I - DA CONVERSÃO DE REGISTRO PROVISÓRIO EM DEFINITIVO

Art. 19. Para se proceder à conversão do registro provisório em definitivo, o contabilista deverá encaminhar requerimento ao CRC, instruído com:

I – original e cópia, que serão autenticadas pelo CRC, do diploma ou certificado devidamente registrado, fornecido pelo estabelecimento de ensino, ou certidão de inteiro teor expedida por órgão competente;

II – 2 (duas) fotos 3x4 iguais, recentes, de frente;

III – comprovante de recolhimento da taxa de registro profissional.

Parágrafo único. Para se proceder à conversão, o contabilista deverá estar regular no CRC.

SUBSEÇÃO II - DA ALTERAÇÃO PROVISÓRIA DE CATEGORIA

Art. 20. Para a obtenção do registro provisório decorrente de mudança de categoria, o contabilista deverá encaminhar ao CRC requerimento, instruído com:

I – 2 (duas) fotos 3x4 iguais, recentes, de frente;

II – original e cópia, que serão autenticadas pelo CRC, do histórico escolar e da certidão/declaração do estabelecimento de ensino, contendo a chancela do Ministério da Educação ou do Conselho Estadual de Educação, reconhecendo o curso, sua carga horária, informando que o requerente concluiu o curso, tendo sido diplomado, e que o diploma se encontra em processamento no órgão competente para registro, devendo conter: nome do requerente, data de nascimento, filiação, curso concluído, data da conclusão e da colação de grau;

III – comprovante de recolhimento da taxa de registro profissional;

IV – comprovante de recolhimento complementar da anuidade, quando se tratar de alteração de categoria de Técnico em Contabilidade para Contador; e

V – certidão de aprovação em Exame de Suficiência para Contador, dentro de seu prazo de validade.

§ 1º A certidão/declaração de que trata o inciso II deste artigo somente será aceita com prazo de emissão inferior a 6 (seis) meses.

§ 2º Para se proceder à alteração provisória de categoria, o Contabilista, deverá estar regular no CRC.

Art. 21. Vencido o prazo de validade do registro provisório sem que tenha havido a devida alteração de categoria, esse retornará à condição anterior de registro.

CAPÍTULO II - DO CANCELAMENTO DO REGISTRO PROFISSIONAL

Art. 22. O cancelamento do registro profissional terá lugar nos casos de:

I – falecimento do contabilista;

II – aplicação de penalidade de cancelamento do registro profissional transitada em julgado;

III – apresentação de documentação falsa, apurado por regular processo.

Art. 23. Cancelado o registro em decorrência do falecimento do contabilista, cancelam-se, automaticamente, os débitos existentes.

Art. 24. A comprovação do falecimento do profissional será feita pela apresentação de certidão de óbito ou por outra fonte confiável, a critério do CRC.

Art. 25. O cancelamento do registro profissional implica o cancelamento do registro cadastral do escritório individual ou a baixa do registro cadastral da sociedade cujos sócios remanescentes ou sucessores não sejam contabilistas.

Art. 26. Cancelado o registro, será devolvida a identidade ao CRC, salvo no caso do disposto no art. 22, inciso I desta Resolução.

CAPÍTULO III - DA BAIXA DO REGISTRO PROFISSIONAL

Art. 27. A baixa do registro profissional poderá ser:

I – solicitada pelo contabilista em face da interrupção ou da cessação das suas atividades na área contábil;

II – determinada pelo CRC em decorrência de:

a) débito de mais de uma anuidade; ou

b) suspensão do exercício profissional transitada em julgado.

Parágrafo único. A baixa prevista nas alíneas a e b do inciso II deste artigo serão efetuadas ex officio.

Art. 28. A baixa do registro será concedida ao contabilista que interromper ou cessar suas atividades profissionais, mediante requerimento dirigido ao CRC, contendo o motivo que originou a solicitação.

Art. 29. Solicitada a baixa até 31 de março, será devida a anuidade proporcional ao número de meses decorridos.

Parágrafo único. Após a data mencionada no caput deste artigo, é devida a anuidade integral.

Art. 30. A baixa somente será concedida ao contabilista que estiver regular no CRC.

Art. 31. A baixa de registro profissional implicará a baixa do registro cadastral do escritório individual ou da sociedade, quando os sócios contabilistas tiverem seus registros profissionais baixados.

Art. 32. O prazo da suspensão do exercício profissional de que tiver resultado a baixa do registro será iniciado a partir da cientificação do Contabilista.

Art. 33. Notificado, o profissional deverá, em 15 (quinze dias), apresentar a carteira de identidade profissional sob pena de, não o fazendo, ser suspenso por prazo indeterminado, facultando-se ao CRC requerer judicialmente a apresentação e/ou adotar outras providências legais ou regimentais, inclusive a publicação de avisos e editais.

CAPÍTULO IV - RESTABELECIMENTO DE REGISTRO

Art. 34. O registro baixado poderá ser restabelecido mediante requerimento, instruído com:

I – 2 (duas) fotos 3x4 iguais, recentes, de frente;

II – comprovante de recolhimento da taxa de registro profissional e anuidade; e

III – certidão de aprovação em Exame de Suficiência, desde que a baixa seja por período superior a 5 (cinco) anos.

Art. 35. Em caso de baixa de registro decorrente de débito de anuidades ou multa, será necessária a respectiva regularização para o restabelecimento.

CAPÍTULO V - DISPOSIÇÕES GERAIS

Art. 36. A concessão de registro a contabilista com formação escolar no exterior ficará condicionada à apresentação de diploma revalidado pelo órgão competente.

Parágrafo único. No caso de contabilista de outra nacionalidade, o registro terá o prazo de validade condicionado àquele do visto de permanência.

Art. 37. O CRC poderá fornecer ao contabilista certidão de seus assentamentos cadastrais, mediante requerimento contendo a finalidade do pedido e instruído com o comprovante de pagamento da taxa estabelecida.

Art. 38. Nos casos em que o diploma ou o certificado apresentado pelo contabilista tenha sido emitido por estabelecimento de ensino de outra jurisdição, deverá ser feita consulta ao respectivo CRC para apurar se o titular é possuidor de registro naquela jurisdição, se a instituição de ensino está credenciada a ministrar curso na área contábil e a veracidade do documento.

Art. 39. É vedada a concessão de registro em Conselhos Regionais de Contabilidade aos portadores de diplomas/certificados de Cursos de Gestão, com especialização em Contabilidade, ou Cursos de Tecnólogo em Contabilidade.

Art. 40. Os cursos de Técnico em Contabilidade deverão obedecer à carga horária mínima estabelecida pelo Ministério da Educação.

Art. 41. O contabilista com registro baixado, a pedido ou de ofício, ou vencido o registro provisório por período superior a 5 (cinco) anos, e no caso de alteração de categoria ou suspensão por incapacidade técnica, deverá se submeter a Exame de Suficiência, independentemente de já ter sido aprovado anteriormente.

Art. 42. Esta Resolução entra em vigor na data da sua publicação, revogando-se as disposições em contrário, especialmente a Resolução CFC nº 867/99.

Brasília, 24 de agosto de 2007.

Contadora Maria Clara Cavalcante Bugarim
Presidente

ANEXO 8 – RESOLUÇÃO CFC Nº 1.307/2010

RESOLUÇÃO CFC Nº 1.307/10

Altera dispositivos da Resolução CFC nº 803/96, que aprova o Código de Ética Profissional do Contabilista.

O CONSELHO FEDERAL DE CONTABILIDADE, no exercício de suas atribuições legais e regimentais,

CONSIDERANDO que com a Lei nº 12.249/10, que alterou o Decreto-Lei nº 9.295/46, faz-se necessário uma adequação em diversos normativos que compõe a Legislação da Profissão Contábil;

RESOLVE:

Art. 1º. O Código de Ética Profissional do Contabilista – CEPC passa a se chamar Código de Ética Profissional do Contador – CEPC

Art. 2º. O Art. 1° da Resolução CFC nº 803/1996 passa a vigorar com a seguinte redação:

"Art. 1º. Este Código de Ética Profissional tem por objetivo fixar a forma pela qual se devem conduzir os Profissionais da Contabilidade, quando no exercício profissional e nos assuntos relacionados à profissão e à classe."

Art. 3º. O caput do Art. 2° da Resolução CFC n° 803/1996 passa a vigorar com a seguinte redação:

"Art. 2º. São deveres do Profissional da Contabilidade:"

Art. 4º. O inciso I do Art. 2° da Resolução CFC n° 803/1996 passa a vigorar com a seguinte redação:

"I – exercer a profissão com zelo, diligência, honestidade e capacidade técnica, observada toda a legislação vigente, em especial aos Princípios de Contabilidade e as Normas Brasileiras de Contabilidade, e resguardados os interesses de seus clientes e/ou empregadores, sem prejuízo da dignidade e independência profissionais;"

Art. 5º. Fica criado o inciso X do Art. 2° da Resolução CFC n° 803/1996 passa a vigorar com a seguinte redação:

"X – cumprir os Programas Obrigatórios de Educação Continuada estabelecidos pelo CFC;"

Art. 6º. Fica criado o inciso XI do Art. 2° da Resolução CFC n° 803/1996 passa a vigorar com a seguinte redação:

"XI – comunicar, ao CRC, a mudança de seu domicílio ou endereço e da organização contábil de sua responsabilidade, bem como a ocorrência de outros fatos necessários ao controle e fiscalização profissional."

Art. 7º. Fica criado o inciso XII do Art. 2° da Resolução CFC n° 803/1996 passa a vigorar com a seguinte redação:

"XII – auxiliar a fiscalização do exercício profissional."

Art. 8º. O caput do Art. 3° da Resolução CFC n° 803/1996 passa a vigorar com a seguinte redação:

"Art. 3º. No desempenho de suas funções, é vedado ao Profissional da Contabilidade:"

Art. 9º. O inciso I do Art. 3° da Resolução CFC n° 803/1996 passa a vigorar com a seguinte redação:

"I – anunciar, em qualquer modalidade ou veículo de comunicação, conteúdo que resulte na diminuição do colega, da Organização Contábil ou da classe, em detrimento aos demais, sendo sempre admitida a indicação de títulos, especializações, serviços oferecidos, trabalhos realizados e relação de clientes;"

Art. 10. O inciso XIII do Art. 3° da Resolução CFC n° 803/1996 passa a vigorar com a seguinte redação:

"XIII – aconselhar o cliente ou o empregador contra disposições expressas em lei ou contra os Princípios de Contabilidade e as Normas Brasileiras de Contabilidade editadas pelo Conselho Federal de Contabilidade;"

Art. 11. O inciso XX do Art. 3° da Resolução CFC n° 803/1996 passa a vigorar com a seguinte redação:

"XX – executar trabalhos técnicos contábeis sem observância dos Princípios de Contabilidade e das Normas Brasileiras de Contabilidade editadas pelo Conselho Federal de Contabilidade;"

Art. 12. Fica criado o inciso XXIII do Art. 3° da Resolução CFC n° 803/1996 passa a vigorar com a seguinte redação:

"XXIII – Apropriar-se indevidamente de valores confiados a sua guarda;"

Art. 13. Fica criado o inciso XXIV do Art. 3° da Resolução CFC n° 803/1996 passa a vigorar com a seguinte redação:

"XXIV – Exercer a profissão demonstrando comprovada incapacidade técnica."

Art. 14. Fica criado o inciso XXV do Art. 3° da Resolução CFC n° 803/1996 passa a vigorar com a seguinte redação:

"XXV – Deixar de apresentar documentos e informações quando solicitado pela fiscalização dos Conselhos Regionais."

Art. 15. O caput do Art. 4° da Resolução CFC n° 803/1996 passa a vigorar com a seguinte redação:

"Art. 4°. O Profissional da Contabilidade poderá publicar relatório, parecer ou trabalho técnico-profissional, assinado e sob sua responsabilidade."

Art. 16. O inciso VII do Art. 5° da Resolução CFC n° 803/1996 passa a vigorar com a seguinte redação:

"VII – assinalar equívocos ou divergências que encontrar no que concerne à aplicação dos Princípios de Contabilidade e Normas Brasileiras de Contabilidade editadas pelo CFC;"

Art. 17. O caput do Art. 6° da Resolução CFC n° 803/1996 passa a vigorar com a seguinte redação:

"Art. 6º. O Profissional da Contabilidade deve fixar previamente o valor dos serviços, por contrato escrito, considerados os elementos seguintes:"

Art. 18. O Art. 7° da Resolução CFC n° 803/1996 passam a vigorar com a seguinte redação:

"Art. 7º. O Profissional da Contabilidade poderá transferir o contrato de serviços a seu cargo a outro profissional, com a anuência do cliente, sempre por escrito, de acordo com as normas expedidas pelo Conselho Federal de Contabilidade."

Art. 19. O Parágrafo único do Art. 7° da Resolução CFC n° 803/1996 passam a vigorar com a seguinte redação:

"Parágrafo único. O Profissional da Contabilidade poderá transferir parcialmente a execução dos serviços a seu cargo a outro profissional, mantendo sempre como sua a responsabilidade técnica."

Art. 20. O caput do Art. 8° da Resolução CFC n° 803/1996 passa a vigorar com a seguinte redação:

"Art. 8º. É vedado ao Profissional da Contabilidade oferecer ou disputar serviços profissionais mediante aviltamento de honorários ou em concorrência desleal."

Art. 21. O caput do Art. 9° da Resolução CFC n° 803/1996 passa a vigorar com a seguinte redação:

"Art. 9º. A conduta do Profissional da Contabilidade com relação aos colegas deve ser pautada nos princípios de consideração, respeito, apreço e solidariedade, em consonância com os postulados de harmonia da classe."

Art. 22. O caput do Art. 10 da Resolução CFC n° 803/1996 passa a vigorar com a seguinte redação:

"Art. 10. O Profissional da Contabilidade deve, em relação aos colegas, observar as seguintes normas de conduta:"

Art. 23. O caput do Art. 11 da Resolução CFC n° 803/1996 passa a vigorar com a seguinte redação:

"Art. 11. O Profissional da Contabilidade deve, com relação à classe, observar as seguintes normas de conduta:"

Art. 24. O parágrafo único, incisos I, II e III do Art. 12 passa a ser o § 1° e incisos I, II e III e passa a vigorar com a seguinte redação:

"§ 1º Na aplicação das sanções éticas, podem ser consideradas como atenuantes:

I – ação desenvolvida em defesa de prerrogativa profissional;

II – ausência de punição ética anterior;

III – prestação de relevantes seraqviços à Contabilidade."

Art. 25. Ficam criados o § 2° e incisos I e II do Art. 12:

"§ 2º Na aplicação das sanções éticas, podem ser consideradas como agravantes:

I – Ação cometida que resulte em ato que denigra publicamente a imagem do Profissional da Contabilidade;

II – punição ética anterior transitada em julgado."

Art. 26. O caput do Art. 14 da Resolução CFC n° 803/1996 passa a vigorar com a seguinte redação:

"Art. 14. O Profissional da Contabilidade poderá requerer desagravo público ao Conselho Regional de Contabilidade, quando atingido, pública e injustamente, no exercício de sua profissão."

Art. 27. Fica criado o Capítulo VI – Das Disposições Gerais

Art. 28. Fica criado o Art. 15 com a seguinte redação

"Art. 15. Este Código de Ética Profissional se aplica aos Contadores e Técnicos em Contabilidade regidos pelo Decreto-Lei nº. 9.295/46, alterado pela Lei nº. 12.249/10."

Art. 29. A presente Resolução entra em vigor na data de sua aprovação.

Brasília, 09 de dezembro de 2010.

Contador Juarez Domingues Carneiro
Presidente

ANEXO 9 – DECRETO-LEI 9.295/1946

DECRETO-LEI Nº 9.295, DE 27 DE MAIO DE 1946.

Vide Lei nº 4.399, de 31.8.1964

Cria o Conselho Federal de Contabilidade, define as atribuições do Contador e do Guarda-livros, e dá outras providências

O PRESIDENTE DA REPÚBLICA, usando da atribuição que lhe confere o artigo 180 da Constituição,

DECRETA:

CAPÍTULO I - DO CONSELHO FEDERAL DE CONTABILIDADE E DOS CONSELHOS REGIONAIS

Art. 1º Ficam criados o Conselho Federal de Contabilidade e os Conselhos Regionais de Contabilidade, de acôrdo com o que preceitua o presente Decreto-lei.

Art. 2º. A fiscalização do exercício da profissão contábil, assim entendendo-se os profissionais habilitados como contadores e técnicos em contabilidade, será exercida pelo Conselho Federal de Contabilidade e pelos Conselhos Regionais de Contabilidade a que se refere o art. 1º. (Redação dada pela Lei nº 12.249, de 2010)

Art. 3º. Terá sua sede no Distrito Federal o Conselho Federal de Contabilidade, ao qual ficam subordinado os Conselhos Regionais.

Art. 4º. O Conselho Federal de Contabilidade será constituído de nove (9) membros brasileiros, com habilitação profissional legalmente adquirida, e obedecerá à seguinte composição:

a) um dos membros designado pelo Govêrno Federal e que será o presidente do Conselho;

b) os demais serão escolhidos em Assembléia que se realizará no Distrito Federal, na qual tomará, parte uma representação de cada associação profissional ou sindicato de classe composta de três membros, sendo dois contadores e um guarda-livros.

Parágrafo único. A Constituição do Conselho Federal de Contabilidade obedecerá, em relação aos membros enumerados e na alínea b dêste artigo a seguinte proporção: dois têrços de contadores e um têrço de guarda-livros. (Redação dada pela Lei nº 570, de 22.12.1964)

Art. 5º. O mandato dos membros do Conselho Federal de Contabilidade durara três anos, salvo o do representante do Govêrno Federal. (Redação dada pelo Decreto Lei nº 9.710, de 3.9.1946)

Parágrafo único. Um têrço dos membros do Conselho Federal será renovado para o seguinte triênio

Art. 6º. São atribuições do Conselho Federal de Contabilidade:

a) organizar o seu Regimento Interno;

b) aprovar os Regimentos Interno organizados pelos Conselhos Regionais modificando o que se tornar necessário, a fim de manter a respectiva unidade de ação;

c) tomar conhecimento de quaisquer dúvidas suscitadas nos Conselhos Regionais e dirimi-las;

d) decidir, em última instância, recursos de penalidade imposta pelos Conselhos Regionais;

e) publicar o relatório anual de seus trabalhos, em que deverá figurar a relação de todos os profissionais registrados.

f) regular acerca dos princípios contábeis, do Exame de Suficiência, do cadastro de qualificação técnica e dos programas de educação continuada; e editar Normas Brasileiras de Contabilidade de natureza técnica e profissional. (Incluído pela Lei nº 12.249, de 2010)

Art. 7º. Ao Presidente compete, além da direção do Conselho suspensão de qualquer decisão que mesmo tome e lhe pareça inconveniente.

Parágrafo único – O ato da suspensão vigorará até novo julgamento do caso, para o qual o Presidente convocará segunda reunião no prazo de quinze dias, a contar de seu ato, e se segundo julgamento o Conselho mantiver, por dois terços de seus membros, a decisão suspensa, esta entrará em vigor imediatamente.

Art. 8º. Constitui renda do Conselho Federal de Contabilidade:

a) 1/5 da renda bruta de cada Conselho Regional nela não se compeendendo doações, legados e subvenções;

b) doações e legados;

c) subvenções dos Governos.

Art. 9º. Os Conselhos Regionais de Contabilidade serão organizados nos moldes do Conselho Federal, cabendo a êste fixar-lhes o número de componentes, determinando a forma da eleição local para sua composição, inclusive do respectivo Presidente.

Parágrafo único – O Conselho promoverá a instalação, nos Estados, nos Territórios e nos Municípios dos Órgãos julgados necessários, podendo estender-se a mais de um Estado a ação de qualquer dêles.

Art. 10. São atribuições dos Conselhos Regionais:

a) expedir e registrar a carteira profissional prevista no artigo 17. (Redação dada pelo Decreto Lei nº 9.710, de 3.9.1946)

b) examinar reclamações a representações escritas acêrca dos serviços de registro e das infrações dos dispositivos legais vigentes, relativos ao exercício da profissão de contabilista, decidindo a respeito;

c) fiscalizar o exercício das profissões de contador e guarda-livros, impedindo e punindo as infrações, e bem assim, enviando às autoridades competentes minuciosos e documentados relatórios sôbre fatos que apurarem, e cuja solução ou repressão não seja de sua alçada;

d) publicar relatório anual de seus trabalhos e a relação dos profissionais registrados;

e) elaborar a proposta de seu regimento interno, submetendo-o à aprovação do Conselho Federal de Contabilidade;

f) representar ao Conselho Federal Contabilidade acêrca de novas medidas necessárias, para regularidade do serviço e para fiscalização do exercício das profissões previstas na alinea "b", dêste artigo;

g) admitir a colaboração das entidades de classe nos casos relativos à matéria das alíneas anteriores

Art. 11. A renda dos Conselhos Regionais será constituída do seguinte:

a) 4/5 da taxa de expedição das carteiras profissionais estabelecidas no art. 17 e seu parágrafo único;

b) 4/5 das multas aplicadas conforme alínea "b," do artigo anterior,

c) 4/5 da arrecadação da anuidade prevista no art. 21 e seus parágrafos.

d) doações e legados;

e) subvenções dos Governos.

CAPÍTULO II - DO REGISTRO DA CARTEIRA PROFISSIONAL

Art. 12. Os profissionais a que se refere este Decreto-Lei somente poderão exercer a profissão após a regular conclusão do curso de Bacharelado em Ciências Contábeis, reconhecido pelo Ministério da Educação, aprovação em Exame de Suficiência e registro no Conselho Regional de Contabilidade a que estiverem sujeitos. (Redação dada pela Lei nº 12.249, de 2010)

§ 1º O exercício da profissão, sem o registro a que alude êste artigo, será considerado como infração do presente Decreto-lei. (Renumerado pela Lei nº 12.249, de 2010)

§ 2º Os técnicos em contabilidade já registrados em Conselho Regional de Contabilidade e os que venham a fazê-lo até 1º de junho de 2015 têm assegurado o seu direito ao exercício da profissão. (Incluído pela Lei nº 12.249, de 2010)

Art. 13. Os profissionais punidos por inobservância do artigo anterior, e seu parágrafo único, não poderão obter o registro sem provar o pagamento das multas em que houverem incorrido.

Art. 14. Se o profissional, registrado em qualquer dos Conselhos Regionais de Contabilidade mudar de domicílio, fará visar, no Conselho Regional a que o novo local dos seus trabalhos estiver sujeito, a carteira profissional de que trata o art. 17 Considera-se que há mudança, desde que o profissional exerça qualquer das profissões, no novo domicílio, por prazo maior de noventa dias.

Art. 15. Os indivíduos, firmas, sociedades, associações, companhias e emprêsas em geral, e suas filiais que exerçam ou explorem, sob qualquer forma, serviços técnicos contábeis, ou a seu cargo tiverem alguma seção que a tal se destine, sòmente poderão executar os respectivos serviços, depois de provarem, perante os Conselhos de Contabilidade que os encarregados da parte técnica são exclusivamente profissionais habilitados e registrados na forma da lei.

Parágrafo único – As substituições dos profissionais obrigam a nova, prova, por parte das entidades a que se refere êste artigo.

Art. 16. O Conselho Federal organizará, anualmente, com as alterações havidas e em ordem alfabética, a relação completa dos registros, classificados conforme os títulos de habilitação e a fará publicar no Diário Oficial.

Art. 17. A todo profissional registrado de acôrdo com êste Decreto-lei, será entregue uma carteira profissional, numerada, registrada e visada no Conselho Regional respectivo, a qual conterá: (Redação dada pelo Decreto Lei nº 9.710, de 3.9.1946)

a) seu nome por extenso;

b) sua filiação;

c) sua nacionalidade e naturalidade;

d) a data do seu nascimento;

e) denominação da escola em que se formou ou declaração de sua categoria de provisionado;

f) a data em que foi diplomado ou provisionado, bem como, indicação do número do registro no órgão competente do Departamento Nacional de Educação;

g) a natureza do título ou dos títulos de sua habilitação;

h) o número do registro do Conselho Regional respectivo;

i) sua fotografia de frente e impressão dactiloscópica do polegar;

j) sua assinatura.

Parágrafo único. A expedição da carteira fica sujeita à taxa de Cr$ 30,00 (trinta cruzeiros).

Art. 18. A carteira profissional substituirá, o diploma ou o título de provisionamento para os efeitos legais; servirá de carteira de identidade e terá fé pública.

Art. 19. As autoridades federais, estaduais e municipais, só receberão impostos relativos ao exercício da profissão de contabilista, mediante exibição da carteira a que se refere o art. 18.

Art. 20. Todo aquele que, mediante anúncios, placas, cartões comerciais, ou outros meios. se propuser ao exercício da profissão de contabilista, em qualquer de seus ramos, fica sujeito às penalidades aplicáveis ao exercício ilegal da profissão, se não estiver devidamente registrado.

Parágrafo único. Para fins de fiscalização, ficam os profissionais obrigados a declarar, em todo e qualquer trabalho realizado e nos elementos previstos neste artigo, a sua categoria profissional de contador ou guarda-livros, bem como o número de seu registro no Conselho Regional.

CAPÍTULO III - DA ANUIDADE DEVIDA AOS CONSELHOS REGIONAIS

Art. 21. Os profissionais registrados nos Conselhos Regionais de Contabilidade são obrigados ao pagamento da anuidade. (Redação dada pela Lei nº 12.249, de 2010)

§ 1º O pagamento da, anuidade será efetuado até 31 de Março de cada ano, devendo, no primeiro ano de exercício da profissão, realizar-se por ocasião de ser expedida a carteira profissional.

§ 2º As anuidades pagas após 31 de março serão acrescidas de multa, juros de mora e atualização monetária, nos termos da legislação vigente. (Redação dada pela Lei nº 12.249, de 2010)

§ 3º Na fixação do valor das anuidades devidas ao Conselho Federal e aos Conselhos Regionais de Contabilidade, serão observados os seguintes limites: (Incluído pela Lei nº 12.249, de 2010)

I – R$ 380,00 (trezentos e oitenta reais), para pessoas físicas; (Incluído pela Lei nº 12.249, de 2010)

II – R$ 950,00 (novecentos e cinquenta reais), para pessoas jurídicas. (Incluído pela Lei nº 12.249, de 2010)

§ 4º Os valores fixados no § 3º deste artigo poderão ser corrigidos anualmente pelo Índice Nacional de Preços ao Consumidor Amplo – IPCA, calculado pela Fundação Instituto Brasileiro de Geografia e Estatística – IBGE. (Incluído pela Lei nº 12.249, de 2010)

Art. 22. Às empresas ou a quaisquer organizações que explorem ramo dos serviços contábeis é obrigatório o pagamento de anuidade ao

Conselho Regional da respectiva jurisdição. (Redação dada pela Lei nº 12.249, de 2010)

§ 1º A anuidade deverá ser paga até o dia 31 de março, aplicando-se, após essa data, a regra do § 2º do art. 21. (Redação dada pela Lei nº 12.249, de 2010)

§ 2º O pagamento da primeira anuidade deverá ser feito por ocasião da inscrição inicial no Conselho Regional.

Art. 23. O profissional ou a organização contábil que executarem serviços contábeis em mais de um Estado são obrigados a comunicar previamente ao Conselho Regional de Contabilidade no qual são registrados o local onde serão executados os serviços. (Redação dada pela Lei nº 12.249, de 2010)

Art. 24. Somente poderão ser admitidos à execução de serviços públicos contabilidade, inclusive à organização dos mesmos, por contrato particular, sob qualquer modalidade. o profissional ou pessoas jurídicas que provem quitação de suas anuidades de outras contribuições a que estejam sujeitos.

CAPÍTULO IV - DAS ATRIBUIÇÕES PROFISSIONAIS

Art. 25. São considerados trabalhos técnicos de contabilidade:

a) organização e execução de serviços de contabilidade em geral;

b) escrituração dos livros de contabilidade obrigatórios, bem como de todos os necessários no conjunto da organização contábil e levantamento dos respectivos balanços e demonstrações;

c) perícias judiciais ou extra-judiciais, revisão de balanços e de contas em geral, verificação de haveres revisão permanente ou periódica de escritas, regulações judiciais ou extra-judiciais de avarias grossas ou comuns, assistência aos Conselhos Fiscais das sociedades anônimas e quaisquer outras atribuições de natureza técnica conferidas por lei aos profissionais de contabilidade.

Art. 26. Salvo direitos adquiridos ex-vi do disposto no art. 2º do Decreto nº 21.033, de 8 de Fevereiro de 1932, as atribuições definidas na alínea c do artigo anterior são privativas dos contadores diplomados.

CAPÍTULO V - DAS PENALIDADES

Art. 27. As penalidades ético-disciplinares aplicáveis por infração ao exercício legal da profissão são as seguintes: (Redação dada pela Lei nº 12.249, de 2010)

a) multa de 1 (uma) a 10 (dez) vezes o valor da anuidade do exercício em curso aos infratores dos arts. 12 e 26 deste Decreto-Lei; (Redação dada pela Lei nº 12.249, de 2010)

b) multa de 1 (uma) a 10 (dez) vezes aos profissionais e de 2 (duas) a 20 (vinte) vezes o valor da anuidade do exercício em curso às empresas ou a quaisquer organizações contábeis, quando se tratar de infração dos arts. 15 e 20 e seus respectivos parágrafos; (Redação dada pela Lei nº 1c) multa de 1 (uma) a 5 (cinco) vezes o valor da anuidade do exercício em curso aos infratores de dispositivos não mencionados nas alíneas *a* e *b* ou para os quais não haja indicação de penalidade especial; (Redação dada pela Lei nº 12.249, de 2010)

d) suspensão do exercício da profissão, pelo período de até 2 (dois) anos, aos profissionais que, dentro do âmbito de sua atuação e no que se referir à parte técnica, forem responsáveis por qualquer falsidade de documentos que assinarem e pelas irregularidades de escrituração praticadas no sentido de fraudar as rendas públicas; (Redação dada pela Lei nº 12.249, de 2010)

e) suspensão do exercício da profissão, pelo prazo de 6 (seis) meses a 1 (um) ano, ao profissional com comprovada incapacidade técnica no desempenho de suas funções, a critério do Conselho Regional de Contabilidade a que estiver sujeito, facultada, porém, ao interessado a mais ampla defesa; (Redação dada pela Lei nº 12.249, de 2010)

f) cassação do exercício profissional quando comprovada incapacidade técnica de natureza grave, crime contra a ordem econômica e tributária, produção de falsa prova de qualquer dos requisitos para registro profissional e apropriação indevida de valores de clientes confiados a sua guarda, desde que homologada por 2/3 (dois terços) do Plenário do Tribunal Superior de Ética e Disciplina; (Incluído pela Lei nº 12.249, de 2010)

g) advertência reservada, censura reservada e censura pública nos casos previstos no Código de Ética Profissional dos Contabilistas elaborado e aprovado pelos Conselhos Federal e Regionais de Contabilidade, conforme previsão do art. 10 do Decreto-Lei nº 1.040, de 21 de outubro de 1969. (Incluído pela Lei nº 12.249, de 2010)

Art. 28. São considerados como exercendo ilegalmente a profissão e sujeitos à pena estabelecida na alínea *a* do artigo anterior:

a) os profissionais que desempenharem quaisquer das funções especificadas na alínea c, do artigo 25 sem possuirem, devidamente legalizado, o título a que se refere o artigo 26 dêste Decreto-lei;

b) os profissionais que, embora legalmente habilitados, não fizerem, ou com referência a êles não fôr feita a comunicação exigida no artigo 15 e seu parágrafo único.

Art. 29. O profissional suspenso do exercício da profissão fica obrigado a depositar a carteira profissional ao Conselho Regional de Contabilidade que tiver aplicado a penalidade, até a expiração do prazo de suspensão, sob pena de apreensão dêsse documento.

Art. 30. A falta de pagamento de multa devidamente confirmada, importará, decorridos trinta (30) dias da notificação, em suspensão, por noventa dias, do profissional ou da organização que nela, tiver incorrido.

Art. 31. As penalidades estabelecidas neste Capítulo não isentam de outras, em que os infratores hajam incorrido, por violação de outras leis.

Art. 32. Das multas impostas pelos Conselhos Regionais poderá, dentro do prazo de sessenta dias, contados da notificação, ser interposto recurso, sem efeito suspensivo, para o Conselho Federal de Contabilidade.

§ 1º Não se efetuando amigàvelmente o pagamento das multas, serão estas cobradas pelo executivo fiscal, na forma da legislação vigente.

§ 2º Os autos de infração, depois de Julgados definitivamente, contra o infrator, constituem títulos de dívida líquida e certa para efeito de cobrança a que se refere o parágrafo anterior.

§ 3º São solidàriamente responsáveis pelo pagamento das multas os infratores e os indivíduos, firmas, sociedades, companhias, associações ou emprêsas a cujos serviços se achem.

Art. 33. As penas de suspensão do exercício serão impostas aos profissionais pelos Conselhos Regionais, recurso para o Conselho Federal Contabilidade.

Art. 34. As multas serão aplicadas no grau máximo quando os infratores já tiverem sido condenados, por sentença passada em julgado, em virtude da violação de dispositivos legais.

Art. 35. No caso de reincidência mesma infração, praticada dentro prazo de dois anos, a penalidade se elevada ao dôbro da anterior.

CAPÍTULO VI - DISPOSIÇÕES GERAIS

Art. 36. Aos Conselhos Regionais de Contabilidade fica cometido o cargo de dirimir quaisquer dúvidas suscitadas acêrca das atribuições de que trata o capítulo IV, com recurso suspensivo para o Conselho Federal Contabilidade, a quem compete decidir em última instância sôbre a matéria.

Art. 36-A. Os Conselhos Federal e Regionais de Contabilidade apresentarão anualmente a prestação de suas contas aos seus registrados. (Incluído pela Lei nº 12.249, de 2010)

Art. 37. A exigência da carteira profissional de que trata o Capítulo II sòmente será efetiva a partir 180 dias, contados da instalação respectivo Conselho Regional.

Art. 38. Enquanto não houver associações profissionais ou sindicatos em alguma das regiões econômica que se refere a letra *b*, do art. 4º a designação dos respectivos representantes caberá ao Delegado Regional do Trabalho, ou ao Diretor do Departamento Nacional do Trabalho, conforme a jurisdição onde ocorrer a falta.

Art. 39. A renovação de um têrço dos membros do Conselho Federal, a que elude o parágrafo único do art. 5º, far-se-á no primeiro Conselho mediante sorteio para os dois triênios subseqüentes. (Redação dada pelo Decreto Lei nº 9.710, de 3.9.1946)

Art. 40. O presente Decreto-lei entrará em vigor trinta (30) dias após sua publicação no *Diário Oficial*.

Art. 41. Revogam-se as disposições em contrário.

Rio de Janeiro, 27 de Maio de 1946, 125º da Independência e 58º da República.

Eurico G. Dutra.

Octacílio Negrão de Lima. Carlos Coimbra da Luz. Gastão Vidigal. Ernesto de Souza Campos.

Este texto não substitui o publicado no D.O.U. de 28.5.1946

ANEXO 10 – LEI 12.249/2010

Trecho da lei que altera o DL 9.925/46

"[...] Art. 76. Os arts. 2º, 6º, 12, 21, 22, 23 e 27 do Decreto-Lei nº 9.295, de 27 de maio de 1946, passam a vigorar com a seguinte redação, renumerado-se o parágrafo único do art. 12 para § 1º:

"Art. 2º A fiscalização do exercício da profissão contábil, assim entendendo-se os profissionais habilitados como contadores e técnicos em contabilidade, será exercida pelo Conselho Federal de Contabilidade e pelos Conselhos Regionais de Contabilidade a que se refere o art. 1º." (NR)

"Art. 6º ....

....

f) regular acerca dos princípios contábeis, do Exame de Suficiência, do cadastro de qualificação técnica e dos programas de educação continuada; e editar Normas Brasileiras de Contabilidade de natureza técnica e profissional." (NR)

"Art. 12. Os profissionais a que se refere este Decreto-Lei somente poderão exercer a profissão após a regular conclusão do curso de Bacharelado em Ciências Contábeis, reconhecido pelo Ministério da

Educação, aprovação em Exame de Suficiêncila e registro no Conselho Regional de Contabilidade a que estiverem sujeitos.

§ 1º ....

§ 2º Os técnicos em contabilidade já registrados em Conselho Regional de Contabilidade e os que venham a fazê-lo até 1º de junho de 2015 têm assegurado o seu direito ao exercício da profissão." (NR)

"Art. 21. Os profissionais registrados nos Conselhos Regionais de Contabilidade são obrigados ao pagamento da anuidade.

....

§ 2º As anuidades pagas após 31 de março serão acrescidas de multa, juros de mora e atualização monetária, nos termos da legislação vigente.

§ 3º Na fixação do valor das anuidades devidas ao Conselho Federal e aos Conselhos Regionais de Contabilidade, serão observados os seguintes limites:

I – R$ 380,00 (trezentos e oitenta reais), para pessoas físicas;

II – R$ 950,00 (novecentos e cinquenta reais), para pessoas jurídicas.

§ 4º Os valores fixados no § 3º deste artigo poderão ser corrigidos anualmente pelo Índice Nacional de Preços ao Consumidor Amplo – IPCA, calculado pela Fundação Instituto Brasileiro de Geografia e Estatística – IBGE." (NR)

"Art. 22. Às empresas ou a quaisquer organizações que explorem ramo dos serviços contábeis é obrigatório o pagamento de anuidade ao Conselho Regional da respectiva jurisdição.

§ 1º A anuidade deverá ser paga até o dia 31 de março, aplicando-se, após essa data, a regra do § 2º do art. 21.

...." (NR)

"Art. 23. O profissional ou a organização contábil que executarem serviços contábeis em mais de um Estado são obrigados a comunicar previamente ao Conselho Regional de Contabilidade no qual são registrados o local onde serão executados os serviços." (NR)

"Art. 27. As penalidades ético-disciplinares aplicáveis por infração ao exercício legal da profissão são as seguintes:

a) multa de 1 (uma) a 10 (dez) vezes o valor da anuidade do exercício em curso aos infratores dos arts. 12 e 26 deste Decreto-Lei;

b) multa de 1 (uma) a 10 (dez) vezes aos profissionais e de 2 (duas) a 20 (vinte) vezes o valor da anuidade do exercício em curso às empresas ou a quaisquer organizações contábeis, quando se tratar de infração dos arts. 15 e 20 e seus respectivos parágrafos;

c) multa de 1 (uma) a 5 (cinco) vezes o valor da anuidade do exercício em curso aos infratores de dispositivos não mencionados nas alíneas *a* e *b* ou para os quais não haja indicação de penalidade especial;

d) suspensão do exercício da profissão, pelo período de até 2 (dois) anos, aos profissionais que, dentro do âmbito de sua atuação e no que se referir à parte técnica, forem responsáveis por qualquer falsidade de documentos que assinarem e pelas irregularidades de escrituração praticadas no sentido de fraudar as rendas públicas;

e) suspensão do exercício da profissão, pelo prazo de 6 (seis) meses a 1 (um) ano, ao profissional com comprovada incapacidade técnica no desempenho de suas funções, a critério do Conselho Regional de Contabilidade a que estiver sujeito, facultada, porém, ao interessado a mais ampla defesa;

f) cassação do exercício profissional quando comprovada incapacidade técnica de natureza grave, crime contra a ordem econômica e tributária, produção de falsa prova de qualquer dos requisitos para registro profissional e apropriação indevida de valores de clientes confiados a sua guarda, desde que homologada por 2/3 (dois terços) do Plenário do Tribunal Superior de Ética e Disciplina;

g) advertência reservada, censura reservada e censura pública nos casos previstos no Código de Ética Profissional dos Contabilistas elaborado e aprovado pelos Conselhos Federal e Regionais de Contabilidade, conforme previsão do art. 10 do Decreto-Lei nº 1.040, de 21 de outubro de 1969." (NR)

Art. 77. O Decreto-Lei nº 9.295, de 27 de maio de 1946, passa a vigorar acrescido do seguinte art. 36-A:

"Art. 36-A. Os Conselhos Federal e Regionais de Contabilidade apresentarão anualmente a prestação de suas contas aos seus registrados."

Art. 78. (VETADO). [...]"